The LITTLE BLACK SONGBOOK

ERIC CLAPTON

Cover image courtesy of Robert Knight /Redferns.

ISBN: 978-1-84772-501-1

EXCLUSIVELY DISTRIBUTED BY

For all works contained herein:
Unauthorized copying, arranging, adapting, recording, Internet posting, public performance,
or other distribution of the music in this publication is an infringement of copyright.
Infringers are liable under the law.

Visit Hal Leonard Online at
www.halleonard.com

Contact us:
Hal Leonard
7777 West Bluemound Road
Milwaukee, WI 53213
Email: info@halleonard.com

In Europe, contact:
Hal Leonard Europe Limited
42 Wigmore Street
Marylebone, London, W1U 2RY
Email: info@halleonardeurope.com

In Australia, contact:
Hal Leonard Australia Pty. Ltd.
4 Lentara Court
Cheltenham, Victoria, 3192 Australia
Email: info@halleonard.com.au

After Midnight...6
Alberta...8
All Your Love...10
Another Ticket...12
Anyday...14
Back Home...16
Bad Love...18
Badge...20
Before You Accuse Me...22
Behind The Mask...24
Believe In Life...27
Bell Bottom Blues...30
Better Make It Through Today...32
Blue Eyes Blue...36
Blues Power...34
Change The World...42
Cocaine...44
The Core...39
Crossroads...46
Forever Man...48
Have You Ever Loved A Woman...50
Hello Old Friend...52
Holy Mother...54
I Am Yours...56
I Can't Stand It...58
I Feel Free...61
(I) Get Lost...76

I Looked Away...64

I Shot The Sheriff...66

I've Got A Rock 'N' Roll Heart...74

It Hurts Me Too...68

It's In The Way That You Use It...70

It's Too Late...72

Keep On Growing...79

Key To Love...82

Knockin' On Heaven's Door...84

Lay Down Sally...86

Layla...90

Layla (Unplugged)...88

Let It Grow...96

Let It Rain...98

Lonely Stranger...100

Lonesome And A Long Way From Home...102

Mainline Florida...104

Mean Old Frisco...106

Miss You...93

Motherless Child...108

Motherless Children...110

My Father's Eyes...112

Nobody Knows You When You're Down And Out...118

Old Love...120

Presence Of The Lord...122

Pretending...115

Pretty Girl...126

Promises...124

Ride The River...132

Riding With The King... 134

River Of Tears... 129

Rollin' & Tumblin'... 136

Running On Faith... 138

San Francisco Bay Blues... 140

The Shape You're In... 143

She's Waiting... 146

Sign Language... 152

Signe... 154

Spoonful... 149

Strange Brew... 156

Sunshine Of Your Love... 158

Superman Inside... 164

Sweet Home Chicago... 160

Swing Low Sweet Chariot... 162

Tales Of Brave Ulysses... 170

Tearing Us Apart... 172

Tears In Heaven... 167

Tell The Truth... 174

Walk Out In The Rain... 177

Walkin' Blues... 180

White Room... 182

Who Am I Telling You?... 184

Why Does Love Got To Be So Sad?... 186

Willie And The Hand Jive... 188

Wonderful Tonight... 190

Playing Guide: relative tuning/playing chord boxes... 192

After Midnight

Words & Music by J.J. Cale

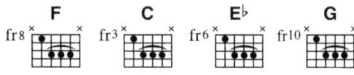

Intro

| F | F | |

| C F E♭ | C F E♭ | C F E♭ | C F E♭ ||

Verse 1

```
C     F    E♭              F          C     F E♭ C F E♭
 After mid - night we're gonna let it all hang down.
C     F    E♭              F             C    F E♭ C F E♭
 After mid - night we're gonna chug-a-lug and shout.
              C
We're gonna stimulate some action,
F
We're gonna get some satisfaction,
                         G
Gonna find out what it is all about.
```

Verse 2

```
C     F    E♭              F          C     F E♭ C F E♭
 After mid - night we're gonna let it all hang down.
C     F    E♭              F                C    F E♭ C F E♭
 After mid - night we're gonna shake your tambou - rine.
C     F    E♭              F                    C    F E♭ C F E♭
 After mid - night, it's all going to be peaches and cream.
        C
Gonna cause talk and suspicion,
F
We're gonna give you an exhibition.
                  G
We're gonna find out what it is all about.
C     F    E♭              F          C     F E♭ C F E♭
 After mid - night we're gonna let it all hang down.
```

© Copyright 1966 Warner-Tamerlane Publishing Corporation, USA.
Warner/Chappell Music Limited.
All Rights Reserved. International Copyright Secured.

Solo					

Solo | C　　F E♭ | E♭　F | C　　F E♭ | C　　F E♭ |

| C　　F E♭ | E♭　F | C　　F E♭ | C　　F E♭ |

| C | F | F | G | G ‖

Verse 3　　As Verse 2

Outro
```
        C    F    E♭              F           C    F E♭ C F E♭
         After mid - night we're gonna let it all hang down.
```

Repeat to fade

Alberta

Words & Music by Huddie Ledbetter

Chords: (E) (F) (F#) C G C7 F Fm

Intro

| (E) (F) (F#) |

| C | G | C G | C C7 |

| F | F | C G | C |

| G | G | C F Fm | C ||

Verse 1

   (E) (F) (F#) C
Al - berta, Al - berta,
G   C   G C
  Where you been so long?
   C7   F
Al - berta, Al - berta,
             C   G C
Where you been so long?
        G
Ain't had no loving
             C F Fm C
Since you've been gone.

Verse 2

   (E) (F) (F#) C
Al - berta, Al - berta,
G   C   G C
  Where'd you stay last night?
   C7   F
Al - berta, Al - berta
            C   G C
Where'd you stay last night?
      G
Come home this morning,
          C F Fm C
Clothes don't fit you right.

© Copyright 1940 & 1963 Folkways Music Publishing Company Incorporated, USA.
Kensington Music Limited.
All Rights Reserved. International Copyright Secured.

Solo

| (E) (F) (F♯) |

C	G	C G	C C7
F	F	C G	C
G	G	C F Fm	C	

Verse 3

  (E) (F) (F♯) C
Al - berta, Al - berta,
G   C   G C
  Girl, you're on my mind.
  C7   F
Al - berta, Al - berta,
             C   G C
Girl, you're on my mind.
          G
Ain't had no loving
              C   F Fm C
In such a great long time.

Verse 4

  (E) (F) (F♯) C
Al - berta, Al - berta,
G   C   G C
  Where you been so long?
  C7   F
Al - berta, Al - berta,
           C   G C
Where you been so long?
          G
Ain't had no loving
              C   F Fm C G C
Since you've been gone.

All Your Love

Words & Music by Otis Rush

Intro		Drums	Am7	Am7	Am7	
		Am7	Dm7	Dm7	Am7	
		Am7	Em7	Dm7	Am7	

Verse 1
       N.C.   **Am7**
All the love in this loving, all the kiss in this kissing.
                    Dm7   **Am7**
All the love in this loving, all the kiss in this kiss - ing.
               Em7 **Dm7**   **Am7** **N.C.**
Before I met you baby, never knew what I was missing.

Verse 2
      (N.C.)   **Am7**
All your love, pretty baby, that I got in store for you.
                     Dm7   **Am7**
All your love, pretty baby, that I got in store for you.
        Em7 **Dm7**   **Am7** **N.C.**
I love you pretty baby, well I say you love me too.

© Copyright 1965 Conrad Music, a division of Arc Music Corporation, USA.
Tristan Music Limited.
All Rights Reserved. International Copyright Secured.

Solo

| Am7 | Am7 | Am7 | Am7 |

| Dm7 | Dm7 | Am7 | Am7 |

| Em7 | Dm7 | Am7 | N.C. ||

(A5) A C C# E G A / 5fr 8fr 4fr 7fr 5fr 7fr / ⑥ ⑥ ⑤ ⑤ ④ ④
riff 1

| (A5) w/riff 1 | (A5) w/riff 1 | (A5) w/riff 1 |

(D5) D F F# A C A / 5fr 8fr 4fr 7fr 5fr 7fr / ⑤ ⑤ ④ ④ ③ ④
riff 2

| (D5) w/riff 2 | (A5) w/riff 1 | (A5) w/riff 1 |

(E5) E G G# B D B / 7fr 10fr 6fr 9fr 7fr 9fr / ⑤ ⑤ ④ ④ ③ ④
riff 3

| (D5) w/riff 2 | (A5) w/riff 1 ||

Verse 3

    N.C.   (A5)**w/riff 1** *(x4)*
All your loving, pretty baby, all your loving, pretty baby.
                    (D5)**w/riff 1** *(x2)*   (A5)**w/riff 1** *(x2)*
All your loving, pretty baby, all your loving, pretty ba - by.
            (E5)**w/riff 3** (D5)**w/riff 2**   (A5)**w/riff 1 N.C.**
Since I first met you baby,   I never knew what I were missing.

Verse 4

          (A5)**w/riff 1** *(x4)*
Hey, hey baby, hey, hey baby.
                 (D5)**w/riff 2** *(x2)*   (A5)**w/riff 1** *(x2)*
Yeah, yeah, yeah, yeah, yeah, baby, oh, oh, ba - by.
           (E5)**w/riff 3** (D5)**w/riff 2**   (A5)**w/riff 1 N.C.**
Since I first met you baby,   never knew what I were missing.

Outro

| Am7 | Am7 | Am7 | Am7 |

| Dm7 | Dm7 | Am7 | Am7 |

| Em7 | Dm7 | N.C. | 𝄐 Am7 ||

Another Ticket

Words & Music by Eric Clapton

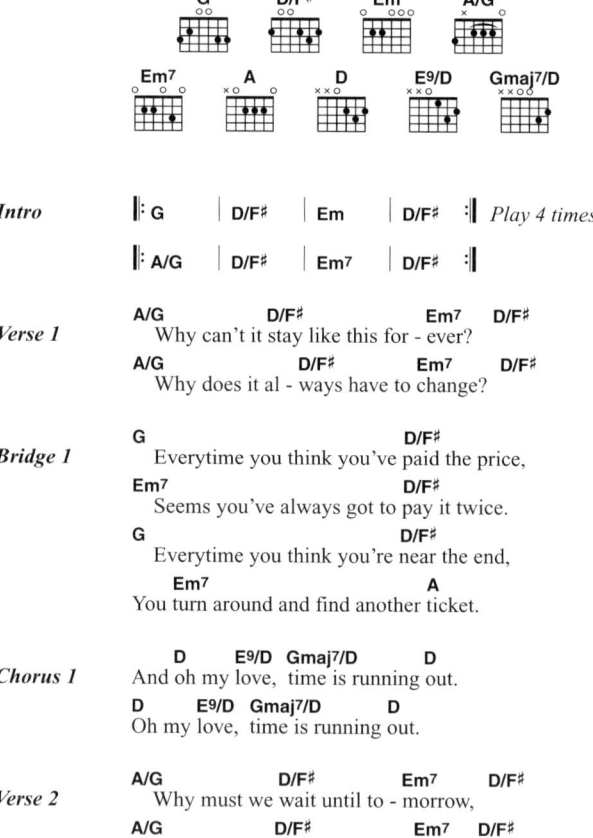

Intro   ‖: G | D/F# | Em | D/F# :‖ *Play 4 times*

‖: A/G | D/F# | Em7 | D/F# :‖

Verse 1
```
      A/G           D/F#          Em7   D/F#
   Why can't it stay like this for - ever?
      A/G           D/F#          Em7   D/F#
   Why does it al - ways have to change?
```

Bridge 1
```
   G                            D/F#
      Everytime you think you've paid the price,
   Em7                          D/F#
      Seems you've always got to pay it twice.
   G                            D/F#
      Everytime you think you're near the end,
      Em7                          A
   You turn around and find another ticket.
```

Chorus 1
```
           D    E9/D  Gmaj7/D       D
   And oh my love,  time is running out.
   D     E9/D  Gmaj7/D        D
   Oh my love,  time is running out.
```

Verse 2
```
      A/G           D/F#          Em7   D/F#
   Why must we wait until to - morrow,
      A/G           D/F#          Em7   D/F#
   When we al - ready know the score?
```

© Copyright 1981 & 1994 Eric Clapton.
All Rights Reserved. International Copyright Secured.

Bridge 2

    G   **D/F♯**
     Everytime you think you've paid the price,
Em7   **D/F♯**
  Seems you've always got to pay it twice.
  G   **D/F♯**
  Everytime you think you've got it made,
Em7   **D/F♯**
  Seems you're only lying in the shade.
  G   **D/F♯**
  Everytime you think you've run the course,
Em7   **D/F♯**
  Seems you've got to ride an - other horse.
  G   **D/F♯**
  Everytime you think you're near the end,
   Em7   **A**
You turn around and find another ticket.

Chorus 2   As Chorus 1

Interlude   ‖: **A/G** | **D/F♯** | **Em7** | **D/F♯** :‖

Bridge 3   As Bridge 2

Chorus 3
D   **E9/D** **Gmaj7/D**   **D**
Oh my love, time is running out.
D   **E9/D** **Gmaj7/D**   **D**
Oh my love, time is running out.   *Repeat to fade*

Anyday

Words & Music by Eric Clapton & Bobby Whitlock

| A | G/A | D/A | F/A | G | D/F# | F | D |

Intro | A | A | A | A |
         | A G/A | D/A F/A | A G/A | D/A F/A ||

Verse 1
```
           A              G        D/F#       F
You were talking and I thought I heard you say,
     A   G        D/F#    F
'Please leave me a - lone.
     A        G           D/F#            F
Nothing in this world can make me stay,
     A       G        D/F#    F         G  D  A
I'd rather go back,   I'd rather go back home.'
```

Pre-chorus 1
```
           A        G   D A    G D A
But if you be - lieved in me,
                G   D A    G D A
Like I be - lieve in you,
                G     D A      G D A
We could have a love so true,
             G   D    A
We would go on end - less - ly.
```

Chorus 1
```
           (A)  D                G           D    G
And I know anyday, any - day, I will see you smile.
          D            G            D    G
   Anyway, any - way, only for a little while.
```

Link 1 | A | A | A | A ||

© Copyright 1970 Eric Clapton (50%)/
Campbell Connelly & Company Limited (50%).
All Rights Reserved. International Copyright Secured.

Verse 2

    A   **G**   **D/F♯**   **F**
Well someday baby, I know you're gonna need me

  A   **G**   **D/F♯** **F**
  When this old world has got you down.

  A   **G**   **D/F♯**   **F**
  I'll be right here, so wo - man call me

  A   **G**   **D/F♯**   **F**   **G D A**
  And I'll never ever   let you down.

Pre-chorus 2 As Pre-chorus 1

Chorus 2 As Chorus 1

Link 2 As Link 1

Guitar solo ‖: A G | D/F♯ F | A G | D/F♯ F :‖

              ‖: G D A | G D A | G D A | G D A :‖

Chorus 3 As Chorus 1

Link 3 As Link 1

Verse 3

  A   **G**   **D/F♯**   **F**
To break the glass and twist the knife in - to yourself;

  A   **G**   **D/F♯** **F**
  You've got to be a fool to under - stand.

  A   **G**   **D/F♯**   **F**
To bring your woman back home after she's left you for another,

  A   **G**   **D/F♯**   **F**   **G D A**
  You've gotta be a, (you've gotta be a man), you've gotta be a man.

Pre-chorus 3 As Pre-chorus 1

Chorus 3

   (A) **D**   **G**   **D**   **G**
‖: And I know anyday, any - day, I will see you smile.

  D   **G**   **D**   **G**
  Anyway, any - way, just for a little while. :‖ *Play 3 times*

Outro | A | A | A | A | A   ‖

Back Home

Words & Music by Eric Clapton

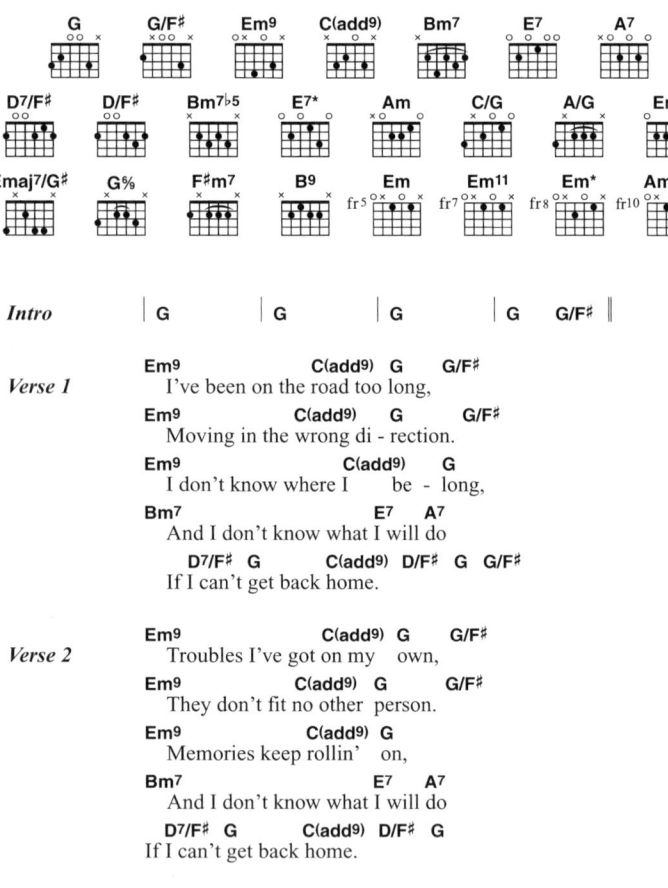

Intro	| G	| G	| G	| G G/F♯ ||

Verse 1
    Em9   C(add9) G   G/F♯
I've been on the road too long,
    Em9   C(add9)   G   G/F♯
Moving in the wrong di - rection.
    Em9   C(add9)   G
I don't know where I   be - long,
    Bm7   E7   A7
And I don't know what I will do
    D7/F♯ G   C(add9) D/F♯ G G/F♯
If I can't get back home.

Verse 2
    Em9   C(add9)   G   G/F♯
Troubles I've got on my own,
    Em9   C(add9)   G   G/F♯
They don't fit no other person.
    Em9   C(add9) G
Memories keep rollin' on,
    Bm7   E7   A7
And I don't know what I will do
    D7/F♯ G   C(add9) D/F♯ G
If I can't get back home.

© Copyright 2005 E.C. Music Limited.
All Rights Reserved. International Copyright Secured.

Bridge

    Bm7♭5   E7*   Am
I don't fit,   but I don't give a damn,
      C/G   D7/F♯   G
I won't quit,   'cause I know who I am.
       D/F♯   E7   Am   A/G D/F♯ Em7
And I'll ad - mit   that I've been on the lam.
  Bm7♭5   E7*   Am
Bit by bit,   I'll review my plan,
     C/G   D7/F♯   Emaj7/G♯
This is it,   I do the best I can,
G%   F♯m7   B9
  Trust and under - stand.
          Emaj7/G♯
'Cause that I know I am loved,
G%   F♯m7   B9
  'Cause I'll be on my way.
          E7 D/F♯   C(add9)
Got no need to stay   'round here.

Verse 3

Em9   C(add9) G   G/F♯
  'Cause I been on this road too long,
Em9   C(add9)   G   G/F♯
  Going in the wrong di - rection.
Em9   C(add9)   G
And I don't know where I've come from.
Bm7   E7   A7
  All I know is I will die,
  D7/F♯ G   C(add9) D/F♯ G
If I don't get back home.

Outro | Em9 Em | Em11 Em* | Am7/E Em* Em11 Em | D/F♯ G ||

Bad Love

Words & Music by Eric Clapton & Mick Jones

Chord diagrams: B♭sus2, Csus2, Am7, B♭maj7, Csus2/D, Gm7, D5, Dm, C, G, Bm7, Bm7/E, E, A, B♭, D/F♯

Intro
| $\frac{4}{4}$ | B♭sus2 | B♭sus2 |

| B♭sus2 Csus2 $\frac{6}{4}$ | Am7 B♭maj7 $\frac{4}{4}$ | B♭sus2 Csus2 $\frac{6}{4}$ | Csus2/D |

| $\frac{4}{4}$ | B♭sus2 Csus2 $\frac{6}{4}$ | Am7 B♭maj7 $\frac{4}{4}$ | Gm7 Csus2 | D5 | D5 |

| (Dm) (C) | (G) | (Dm) (C) | (G) |
Ad lib. guitar riff
| (Dm) (C) | (G) | (Dm) (C) | (B♭) ||

Link 1
| Dm C | G | Dm C | G |

| Dm C | G | Dm C | B♭sus2 ||

Verse 1
Bm7   **Bm7/E** **E**   **A**
Oh what a feeling I get when I'm with you.
Bm7   **Bm7/E** **E**   **A**
You take my heart into every - thing you do.
    B♭   **C**   **Am7** **B♭**
And it makes me sad for the lonely people.
Gm7   **C**   **Dm**
I walked that road for so long.
    B♭   **C**   **Am7** **B♭**
Now I know that I'm one of the lucky people,
Gm7   **C**   **G**   **N.C.**
Your love is making me strong.

© Copyright 1989, 1994 & 2004 E.C. Music Limited (75%)/
Somerset Songs Publishing Incorporated, USA (25%).
All Rights Reserved. International Copyright Secured.

Chorus 1
        Dm **C**   **G**
I've had e - nough ⸺ of bad love,
     Dm   **C**   **G**
I need something I can be proud of.
        Dm **C**   **G**
I've had e - nough ⸺ of bad love,
Dm   **C**   **B♭**
  No more bad love.

Link 2   As Link 1

Verse 2
Bm7   **Bm7/E E**   **A**
And now I see that my life has been so blue
Bm7   **Bm7/E E** **A**
With all the heartaches I had till I met you.
      B♭   **C**   **Am7** **B♭**
But I'm glad to say now that's all be - hind me,
Gm7   **C**   **Dm**
With you here by my side.
        B♭   **C**   **Am7** **B♭**
And there's no more memories to re - mind me,
Gm7   **C**   **G**   **N.C.**
Your love will keep me alive.

Chorus 2   As Chorus 1

Link 3   As Link 1

Solo
Ad lib. guitar riff
‖: **(C)** **(G)** | **(D/F♯)** | **(C)** **(G)** | **(D/F♯)** :‖

‖: **C** **G** | **D/F♯** | **C** **G** | **D/F♯** :‖ *Play 4 times*

Link 4   As Link 1

Chorus 3 ‖:
        Dm **C**   **G**
I've had e - nough ⸺ of bad love,
     Dm   **C**   **G**
I need something I can be proud of.
        Dm **C**   **G**
I've had e - nough ⸺ of bad love,
Dm   **C**   **G**
  No more bad love. :‖ *Play 4 times ad lib. to fade*

Badge

Words & Music by Eric Clapton & George Harrison

Intro | Am | D | Am | D ‖

Verse 1

   Am   D
   Thinking 'bout the times
               Emadd9 Em Emadd9 Em
You drove in my car.
   Am   D
   Thinking that I might
                 Emadd9 Em Emadd9 Em
Have drove you too far.
C   Am
And I'm thinking 'bout the love
               Bm   Amadd9   N.C.
That you laid on my table.

Verse 2

   Am   D
   I told you not to wander
              Emadd9 Em Emadd9 Em
'Round in the dark.
   Am   D
   I told you 'bout the swans,
                Emadd9 Em Emadd9 Em
That they live in the park.
C   Am
Then I told you 'bout our kid,
         Bm   Amadd9
He's married to Mabel.

© Copyright 1969, 1995 & 2004 Eric Clapton (50%)/Harrisongs Limited (50%).
All Rights Reserved. International Copyright Secured.

Link | Cadd9 G/B G | D | Cadd9 G/B G | D ||

Bridge
       Cadd9   G/B   G D
Yes, I told you that the light goes up and down.
       Cadd9   G/B   G D
Don't you notice how the wheel goes round?
        Cadd9   G/B   G D
And you'd better pick yourself up from the ground
  Cadd9   G/B   G D
Be - fore they bring the cur - tain down,
      Cadd9   G/B G   D
Yes, be - fore they bring the curtain down.

Solo ||: Cadd9 G/B G | D   :|| *Play 7 times*

Verse 3
Am   D
Talking 'bout a girl
                Emadd9 Em Emadd9 Em
That looks quite like you.
Am   D
She didn't have the time
           Emadd9 Em Emadd9 Em
To wait in the queue.
C   Am
She cried away her life
           Bm   Amadd9
Since she fell out the cradle.

Before You Accuse Me

Words & Music by Ellas McDaniel

```
        E      A      B7
```

Intro | E | E | B7   ‖

Verse 1
       E   A   E
Before you accuse me,   take a look at your - self.
  A   E
Be - fore you accuse me, take a look at your - self.
        B7
You say I'm spending my money on other women,   A
                            E   B7
You taking money from someone else.

Verse 2
   E   A   E
I called your mama 'bout three or four nights a - go.
 A   E
I called your mama 'bout three or four nights a - go.
          B7   A   E   B7
Mama said 'Son, don't call my daughter no more.'

Verse 3   As Verse 1

Solo 1 | E | A | E | E |

            | A | A | E | E |

            | B7 | A | E | E   B7 ‖

© Copyright 1957 EMI Longitude Music/Figure Music Incorporated, USA.
EMI Music Publishing (WP) Limited.
All Rights Reserved. International Copyright Secured.

Verse 4
      E   A   E
Come on back home baby,   try my love one more time.
  A   E
Come on back home baby, try my love one more time.
  B7   A
If I don't go on and quit you,
             E   B7
I'm gonna lose my mind.

Solo 2 | E | A | E | E |

           | A | A | E | E |

           | B7 | A | E | E   B7 ‖

Verse 5   As Verse 1

Solo 3 | E | A | E | E |

           | A | A | E | E |

           | B7 | A | E | B7 E ‖

Behind The Mask

Words by Chris Mosdell
Music by Ryuichi Sakamoto

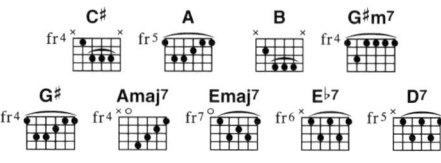

Intro ‖: C♯ | A | B | G♯m7 G♯ :‖ *Play 4 times*

Verse 1
C♯   A
All along, had to talk about it,
B   G♯m7   G♯
Like a two-edged sword, he touched you and it stabs me.
C♯   A
All along, knew you were a phony girl,
C♯   G♯m7   G♯
Sit behind the mask where you con - trol your world.

Verse 2
C♯   A
Yesterday he had you in his arms;
B   G♯m7   G♯
When I'm holding you, I feel his bitter charms.
C♯   A
I can't judge what you do to me.
B   G♯m7
Camoflage the truth, indulge your fantasy.

Chorus 1
    G♯   C♯   A   B   G♯m7
Who do you love? Is it me now, is it him babe? I don't know.
    G♯   C♯   A   B   G♯m7 G♯
Who do you love? Is it me babe, is it him now? I don't know.

© Copyright 1979 Alfa Music Incorporated, Japan/Kab America Incorporated, USA.
Sony/ATV Music Publishing (UK) Limited (50%)/EMI Virgin Music Limited (50%).
All Rights Reserved. International Copyright Secured.

Bridge 1
      Amaj7
(There is nothing in your eyes.) There is nothing in your eyes.
Emaj7
(That's the way you cry.) That's the way you cry, girl.
Amaj7
(All is grand, all is bright.) All is grand, all is bright.
Emaj7
(You're just standing in my mind.) I'm so confused.
Amaj7
(There is nothing in your eyes.) There is nothing in your eyes.
Emaj7
(That's the way you cry.) That's the way you cry, girl.
Amaj7
(All is grand, all is bright.) All is grand, all is bright.
Emaj7   **E♭7**   **D7**
(You're just standing in my mind.)

Verse 3
C♯   **A**
  Was I invited to your masquerade?
B   **G♯m7**   **G♯**
  Well, the party's over so now take off your face.
C♯   **A**
  You say you love, but it's hard to see
B   **G♯m7**
  When you're in his arms, throwing rocks at me.

Chorus 2   As Chorus 1

Bridge 2
Amaj7
(There is nothing in your eyes.)
Emaj7
(That's the way you cry.)
Amaj7
(All is grand, all is bright.)
Emaj7
(You're just standing in my mind.)
Amaj7
(There is nothing in your eyes.)
Emaj7
(that's the way you cry.)
Amaj7
(All is grand, all is bright.)
Emaj7   **E♭7**   **D7**
(You're just standing in my mind.)

Solo   ‖: C♯ | A | B | G♯m7 G♯ :‖

Verse 4
   C♯   A
   I walk around suffering in my doom.
  B   G♯m7   G♯
   When I come to you, you're sitting in your room.
  C♯   A
   The truth is news, I have longed to trace.
  B   G♯m7
   So take off the mask so I can see your face.

Chorus 3
    G♯ C♯ A   B   G♯m7
   Who do you love? Is it me baby, is it him now? I don't know.
    G♯ C♯ A   B   G♯m7
   Who do you love? Is it me babe, is it him baby? I don't know.
    G♯ C♯ A   B   G♯m7
   Who do you love? Is it me babe, is it him now? I don't know.
    G♯ C♯ A   B   G♯m7
   Who do you love? Is it me now, is it him baby? I don't know.

Chorus 4
    G♯ C♯ A   B   G♯m7
   Who do you love? Is it me baby, is it him now? I don't know.
    G♯ C♯ A   B   G♯m7
   Who do you love? Is it me baby, is it him now? I don't know.
    G♯ C♯ A   B   G♯m7
   Who do you love? Is it me baby, is it him? I want to know.
    G♯ C♯ A   B   G♯m7 G♯
   Who do you love?

Outro | C♯ | A | B | G♯m7 G♯ ‖   *Fade out*
   (Who do you love?)

Believe In Life

Words & Music by Eric Clapton

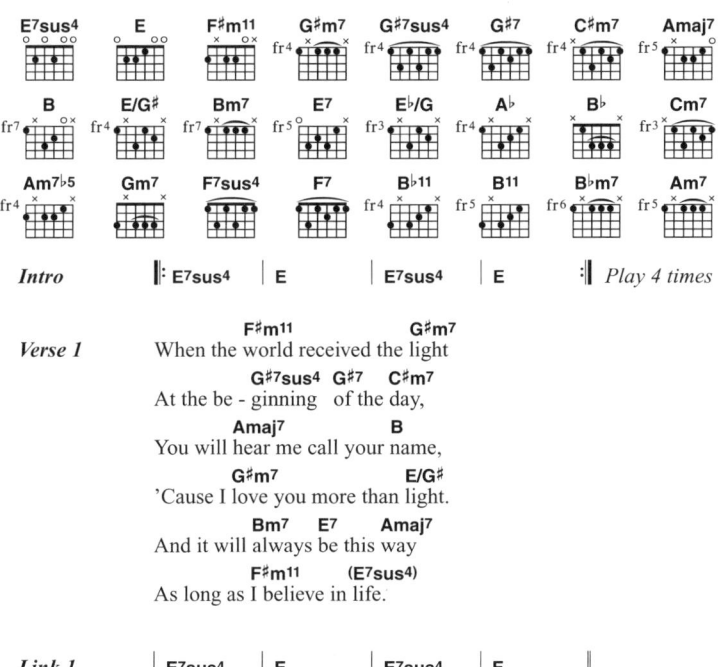

Intro |: E7sus4 | E | E7sus4 | E :| *Play 4 times*

Verse 1
              F#m11   G#m7
When the world received the light
      G#7sus4 G#7   C#m7
At the be - ginning of the day,
         Amaj7   B
You will hear me call your name,
     G#m7   E/G#
'Cause I love you more than light.
      Bm7   E7   Amaj7
And it will always be this way
          F#m11   (E7sus4)
As long as I believe in life.

Link 1 | E7sus4 | E | E7sus4 | E ||

© Copyright 2001 E.C. Music Limited.
All Rights Reserved. International Copyright Secured.

Verse 2

          F#m11   G#m7
When the morning comes too soon
        G#7sus4   G#7   C#m7
And I am still with - out your love,
       Amaj7   B
You will hear me call your name,
     G#m7   E/G#
'Cause I love you more than light.
        Bm7   E7   Amaj7
And it will always be this way
          F#m11   (E7sus4)
As long as I believe in life.

Link 2 | E7sus4 | E | E7sus4 | E ||

Bridge 1

E♭/G   A♭   B♭   Cm7
  Whatever happened to the girls I used to know?
E♭/G   A♭   B♭   Am7♭5
  Whatever happened to the places that we'd go?
       G#m7   Gm7
When we were running in and out of time,
  F7sus4 F7   B♭11   E♭/G
But all the time we still believed in life.
       Gm7   F7sus4 F7
We were running in and out of time,
  B♭11   B11
But still believed in life.

Verse 3

         F#m11   G#m7
And when the day is almost done
        G#7sus4 G#7   C#m7
And there is nothing left to say,
       Amaj7   B
You will let me call your name,
     G#m7   E/G#
'Cause I love you more than light.
        Bm7   E7   Amaj7
And it will always be this way
          F#m11   (E7sus4)
As long as I believe in life.

Link 3 | E7sus4 | E | E7sus4 | E ||

Bridge 2

    E♭/G   A♭   B♭   Cm7
Do, do, do, do, do, do, do, do, do, do, do, do, do.
    E♭/G   A♭   B♭   Am7♭5
Do, do, do, do, do, do, do, do, do, do, do, do.

| G♯m7 | Gm7 | F7sus4 F7 | B♭11 |

Gm7   F7sus4 F7
Running in and out of   time,
  B♭11   B11
But still believed in life.

Verse 4

            F♯m11   G♯m7
And when the day is almost done
          G♯7sus4 G♯7   C♯m7
And there is nothing   left to say,
      Amaj7   B
You will hear me call your name,
    G♯m7   E/G♯
'Cause I love you more than light.
      Bm7   E7   Amaj7
And it will always be this way
   F♯m11
As long as I believe,
   G♯m7
As long as you believe,
     B♭m7 Am7   G♯m7   Gm7
As long as I   be - lieve that you be - lieve,
  F♯m11   (E7sus4)
Then I'll believe, I'll believe in life.

| E7sus4 | E | E7sus4 | E |

        Am7   G♯m7   Gm7
As long as I be - lieve that you be - lieve,
  F♯m11   (E7sus4)
Then I'll believe, I'll believe in life.

| E7sus4 | E | E7sus4 | E ‖

Outro

E7sus4 E E7sus4   E
(I believe,   I believe in life).   *Repeat to fade*

Bell Bottom Blues

Words & Music by Eric Clapton

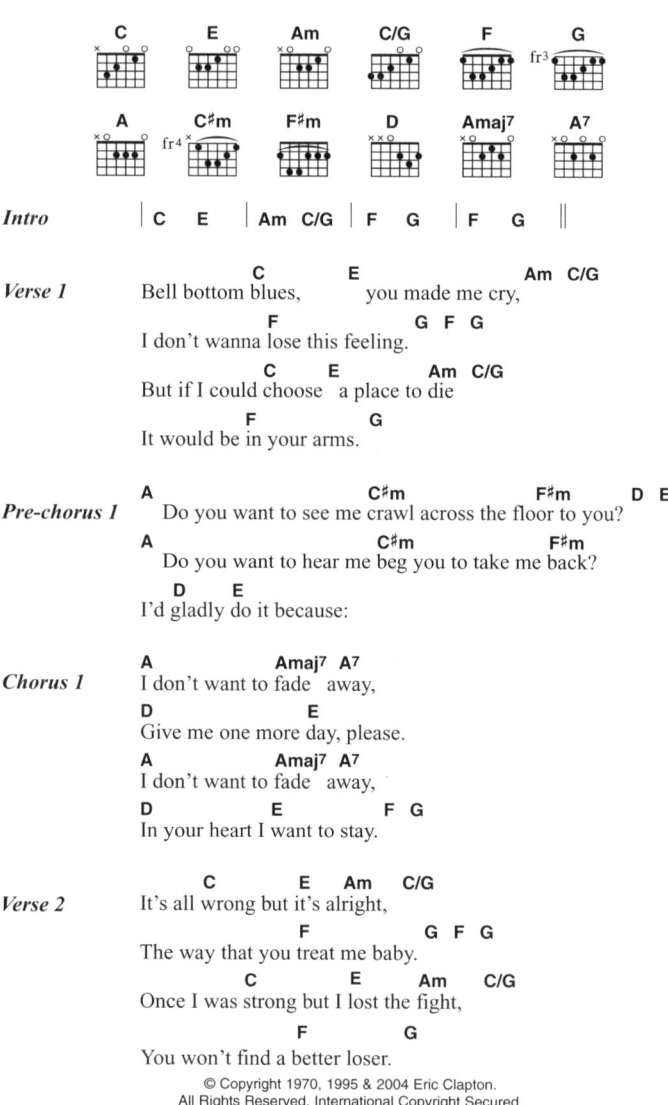

Intro | C E | Am C/G | F G | F G ||

Verse 1
            C   E   Am C/G
Bell bottom blues,   you made me cry,
   F   G F G
I don't wanna lose this feeling.
                C   E   Am C/G
But if I could choose a place to die
           F   G
It would be in your arms.

Pre-chorus 1
   A   C#m   F#m   D E
Do you want to see me crawl across the floor to you?
   A   C#m   F#m
Do you want to hear me beg you to take me back?
   D   E
I'd gladly do it because:

Chorus 1
  A   Amaj7 A7
I don't want to fade   away,
D   E
Give me one more day, please.
  A   Amaj7 A7
I don't want to fade   away,
D   E   F G
In your heart I want to stay.

Verse 2
          C   E   Am C/G
It's all wrong but it's alright,
          F   G F G
The way that you treat me baby.
         C   E   Am C/G
Once I was strong but I lost the fight,
      F   G
You won't find a better loser.

© Copyright 1970, 1995 & 2004 Eric Clapton.
All Rights Reserved. International Copyright Secured.

Pre-chorus 2 As Pre-chorus 1

Chorus 2 As Chorus 1

Instrumental | C E | Am C/G | F G | F G |
| C E | Am C/G | F G ||

Pre-chorus 3 As Pre-chorus 1

Chorus 3 As Chorus 1

Verse 3
          C   E   Am   C/G
Bell bottom blues, don't say goodbye,
        F   G F G
We're surely gonna meet again.
      C E   Am   C/G
And if we do don't you be sur - prised
        F   G
If you find me with another lover.

Pre-chorus 4 As Pre-chorus 1

Chorus 4
||: A   Amaj7 A7
I don't want to fade away,
D   E
Give me one more day, please.
A   Amaj7 A7
I don't want to fade away,
D   E
In your heart I want to stay. :||
A   Amaj7 A7
I don't want to fade away,
D   E
Give me one more day, please.
A   Amaj7 A7
I don't want to fade away,
D   E   F G
In your heart I want to stay.

Better Make It Through Today

Words & Music by Eric Clapton

Chord diagrams: D, Gmaj7, Bm7, F#m7, Fm7, Em7, A, A(add9), C#m7, G#m7, Gm7, F#m7, B9*

Intro | D | Gmaj7 | D | Gmaj7 | D |
            | Gmaj7 | D | Gmaj7 ||

Verse 1
Bm7   F#m7
'Life is what you make it,'
Bm7   F#m7
That's what the people say.
Bm7   F#m7   Fm7 Em7
And if I can't make it through to - morrow,
    A   A(add9)   D
       I'd better make it through to - day.

Link 1 | Gmaj7 | D | Gmaj7 | D |
             | Gmaj7 | D | Gmaj7 ||

Verse 2
Bm7   F#m7
I have had my share of troubles,
Bm7   F#m7
It's nothing new to me.
Bm7   F#m7   Fm7 Em7
When I look a - round me,
        A   A(add9)   D
All is see   is mi - sery.

© Copyright 1975 & 1994 Eric Clapton.
All Rights Reserved. International Copyright Secured.

| *Link 2* | Gmaj7 | D | Gmaj7 | D |
| | Gmaj7 | D | Gmaj7 | |

| *Guitar Solo* | ‖: C♯m7 | C♯m7 | G♯m7 | G♯m7   :‖
| | C♯m7 | C♯m7 | G♯m7 | G♯m7 Gm7 |
| | F♯m7* | F♯m7* | B9 | B9   ‖

| *Organ Solo* | ‖: Bm7 | Bm7 | F♯m7 | F♯m7   :‖

Verse 3

Bm7   F♯m7
'Life is what you make it,'
Bm7   F♯m7
At least that's what the people say.
Bm7   F♯m7   Fm7 Em7
And if we can't make it through to - morrow,
A A(add9)   D Gmaj7   D
         We'd better make it through to - day,   through to - day.
Gmaj7 D Gmaj7   D   Gmaj7
        Through to - day.

| *Outro* | D | Gmaj7 | D | Gmaj7 | D   ‖

Blues Power

Words & Music by Eric Clapton & Leon Russell

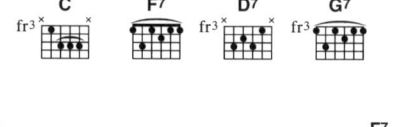

Verse 1
      C   F7
Bet you didn't think I knew how to rock 'n' roll,
                                                       C
Lord, I got the boogie-woogie right down in my very soul.
                                     D7
There ain't no need for me to be a wall - flower,
G7   C
  'Cause now I'm living on blues power.

Link 1
| F7 | F7 | C | C |
| F7 | F7 | G7 | G7 ‖

Verse 2
      C   F7
I knew all the time but now I'm gonna let you know,
                          C
I'm gonna keep on rocking, no matter if it's fast or slow.
                              D7
Ain't gonna stop until the twenty-fifth hour,
G7   C
  'Cause now I'm living on blues power.

Solo 1
| D7 | D7 | F7 | F7 |
| D7 | D7 | G7 | G7 ‖

© Copyright 1970 & 1994 Eric Clapton.
All Rights Reserved. International Copyright Secured.

Verse 3   **C**   **F7**

Well I bet you didn't think I knew how to rock 'n' roll,

                                                           C

Oh, I got the boogie-woogie right down in my very soul.

                                       D7

There ain't no need for me to be a wall - flower,

G7   **C**

'Cause now I'm living on blues power.

Solo 2   ‖: **F7** | **F7** | **C** | **C**   :‖ *Play 3 times*

Outro   **C**   **F7**

Talking to you, now,

C   **F7**

The boogie's gonna pull me through.

‖: **F7** | **F7** | **C** | **C**   :‖ *Repeat ad lib. to fade*

Blue Eyes Blue

Words & Music by Diane Warren

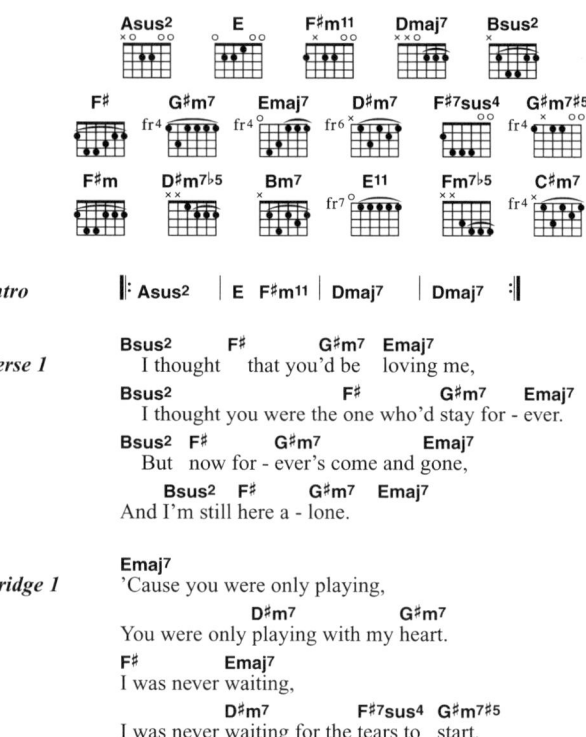

Intro   ‖: Asus² | E F#m¹¹ | Dmaj⁷ | Dmaj⁷ :‖

Verse 1

Bsus²　　　　F#　　　　G#m⁷　Emaj⁷
　I thought　that you'd be　loving me,

Bsus²　　　　　　F#　　　　G#m⁷　Emaj⁷
　I thought you were the one who'd stay for - ever.

Bsus²　F#　　　G#m⁷　　　　Emaj⁷
　But　now for - ever's come and gone,

　Bsus²　F#　　G#m⁷　　Emaj⁷
And I'm still here a - lone.

Bridge 1

Emaj⁷
　'Cause you were only playing,

　　　　　　　D#m⁷　　　　G#m⁷
You were only playing with my heart.

F#　　　Emaj⁷
I was never waiting,

　　　　　　D#m⁷　　　F#7sus⁴　G#m⁷#5
I was never waiting for the tears to　start.

Chorus 1

Asus²   E   F♯m¹¹   Dmaj⁷
It was you   who put the clouds around me,
Asus²   E   F♯m¹¹   Dmaj⁷
It was you   who made the tears fall down.
F♯m   E   D♯m7♭5
It was you   who broke my heart in pieces,
Bm⁷   Dmaj⁷   E¹¹
It was you,   it was you who made my blue eyes blue.
Asus²   E   F♯m¹¹   Dmaj⁷
Oh,—— I never should have trusted you.

Verse 2

      Bsus²   F♯   G♯m⁷   Emaj⁷
Well, I thought   that I'd be   all you need,
Bsus²   F♯   G♯m⁷   Emaj⁷
In your eyes I thought I saw my heaven.
Bsus²   F♯   G♯m⁷   Emaj⁷
And now my heaven's gone away,
      Bsus²   F♯   G♯m⁷   Emaj⁷
And I'm out in the cold.

Bridge 2

Emaj⁷
'Cause you had me believing,
                    D♯m⁷   G♯m⁷
You had me be - lieving in a lie.
F♯   Emaj⁷
Guess I couldn't see it,
                         D♯m⁷   F♯7sus⁴   G♯m7♯5
I guess I couldn't see it till I saw good - bye.

Chorus 2   As Chorus 1

Solo   ‖: **Bsus²** | **F♯   G♯m⁷** | **Emaj⁷** | **Emaj⁷**   :‖   *Play 4 times*

Bridge 3

Emaj⁷
'Cause you were only playing,
                D♯m⁷   G♯m⁷
You were only playing with my heart.
F♯   Emaj⁷
I was never waiting,
               D♯m⁷   F♯7sus⁴   G♯m7♯5
I was never waiting for the tears to   start.

Link

    Asus2   **E** **F♯m11**   **Dmaj7**
It was you   who put the clouds around me.
Asus2   **E**
It was you.

Chorus 3

Bsus2   **E** **G♯m7** **Emaj7**
It was you   who put those clouds around me,
Bsus2   **E** **G♯m7** **Emaj7**
It was you   who made the tears fall down.
G♯m7   **F♯** **Fm7♭5**
Only you   who broke my heart in pieces,
C♯m7   **E**   **F♯**
It was you, it was you who made my blue eyes blue.
Bsus2 **F♯** **G♯m7**   **Emaj7**
Oh,____ I never should have trusted you.
Bsus2 **F♯** **G♯m7**   **Emaj7**
Oh,____ I never should have trusted you.
Bsus2 **F♯** **G♯m7**   **Emaj7**
Oh,____ I never should have trusted you.
Bsus2 **F♯** **G♯m7**   **Emaj7**
Oh,____ I never should have trusted you.

The Core

Words & Music by Eric Clapton & Marcy Levy

Chords: E, A, D, E/B, B, D/A, A5, E*, Em/D, C/B, A7, F

Intro

‖: E   A | E   D A | E   A | E   D A :‖

Verse 1

     E   A
Every morning when I wake,
   E   D   A E   A E   D A
A feeling soon be - gins to over - take me.
   E   A
Ringing in my ears re - sounds
  E   D   A   E   A E   D A
Through my brain, it finally sur - rounds me.
   E   A
There is fire, there is life,
  E   D   A E   A E   D A
There is passion, fever and fury.
   E   A
There is love and there is hate,
  E   D   A E   A E
There is longing, anger and worry.

Chorus 1

    E/B B   D/A A
   Oh, I am a flame,
    E/B B   D/A   A
    Feel it touch my heart.
    E/B B   D/A A
   And down at my core
    D/A   A
Is the hottest part.

D/A A B
I can run without fear.

© Copyright 1977 & 1994 Eric Clapton (50%)/
Warner/Chappell Music Limited (50%).
All Rights Reserved. International Copyright Secured.

| *Interlude 1* | | A5 | | A5 | | E* | | E* | |
| | | A5 | | A5 | ‖ |

Link 1 ‖: E   A | E   D A | E   A | E   D A :‖

Verse 2
      E   A
If it should become too cold,
  E   D   A   E A E   D A
I know I can en - dure the frost - bite.
     E   A
Oh, a blanket then I'll wrap a - round me,
    E   D   A E   A E   D A
And keep myself so close to my side.
 E   A
No, no one then can cause me harm,
E   D   A   E A E   D A
Just as the river runs in - to the sea.
    E   A
'Cause every day, a fire a - larm
E   D   A   E   A E   D A
Is deafening the silence all a - round me.

Chorus 2   As Chorus 1

Interlude 2   As Interlude 1

Link 2   As Link 1

Sax solo   ‖: E   A | E   D A | E   A | E   D A :‖ *Play 3 times*

Guitar solo   ‖: E   A | E   D A | E   A | E   D A :‖ *Play 6 times*

Verse 3

```
              E                        A
      Oh, you can trust me, we can laugh.
              E              D        A    E    A E    D A
      To- gether we can share our sor - row.
              E              A
      I will give you secrets too,
              E          D        A    E    A E    D A
      An attitude that you may fol - low.
              E              A
      Gypsy woman said to me,
              E                      D      A    E    A E    D A
      'One thing you must bear in your mind,
              E                        A
      You are young and you are free,
              E                D         A    E                A E
      But damned if you're de - ceased in your own lifetime.'
```

Chorus 3

```
      E/B  B      D/A   A
            Oh, you have a flame,
      E/B  B      D/A   A
            Feel it in your heart.
      E/B  B      D/A   A
            And down at the core
              D/A   A
      Is the hottest part.
      D/A   A   B
      We can run without fear.
```

Interlude 3   As Interlude 1

Link 3   As Link 1

Organ solo   ‖: E   A | E   D A | E   A | E   D A :‖ *Play 2 times*

Sax solo   ‖: E   A | E   D A | E   A | E   D A :‖ *Play 6 times*

Guitar solo   ‖: E   A | E   D A | E   A | E   D A :‖ *Play 8 times to fade*

Change The World

Words & Music by
Tommy Sims, Gordon Kennedy & Wayne Kirkpatrick

Intro | E F♯m7 | G | G F♯m7 | E |

| E F♯m7 | G | G F♯m7 | B7sus4 ||

Verse 1
    E   A/E   E7
If I can reach the stars,
       A/E   E
Pull one down for you,
      A/E   E7
Shine it on my heart
            A/E   E
So you could see the truth;
A   D/A   A7
Then this love I have in - side
          D/A   A
Is every - thing it seems.
E   A/E   E7
But for now I find
      A/E   G♯7
It's only in my dreams...

Chorus 1
          F♯m7   G♯7   C♯m7
That I can change―― the world,
D♯m7♭5   G♯7   C♯m7
I would be the sunlight in your universe,
D♯m7♭5   G♯7   C♯m7   Cm7   Bm7
You would think my love was really some - thing good,
         A   E/G♯   Gdim F♯m11
Baby, if I could change―――― the world.

© Copyright 1993 Universal Music Publishing MGB Limited (50%)
(administered in Germany by Musik Edition Discoton GmbH, a division of Universal Music Publishing Group)/
Universal Music Publishing Limited (33.34%) (administered in Germany by Universal Music Publ. GmbH)/
Universal/MCA Music Limited (16.66%) (administered in Germany by Universal Music Publ. GmbH).
All Rights Reserved. International Copyright Secured.

Link | E A/E | E7 | E7 A/E E ‖

Verse 2
```
         E   A/E     E7
         If I could be king,
                A/E  E
         Even for a day,
                    A/E    E7
         I'd take you as my queen:
                    A/E    E
         I'd have it no other way.
         A      D/A      A7
         And our love would rule
                    D/A    A
         In this kingdom we had made,
         E            A/E  E7
         Till then I'd be a fool,
                    A/E    G#7
         Wishing for the day...
```

Chorus 2
```
                    F#m7  G#7      C#m7
         That I can change—— the world,
         D#m7♭5       G#7           C#m7
         I would be the sunlight in your universe,
         D#m7♭5          G#7            C#m7   Cm7  Bm7
         You would think my love was really some - thing good,
              A   E/G#    Gdim   F#m11         E   A/E
         Baby, if I could change———— the world.
              A   E/G#    Gdim       F#m11
         Baby, if I could change———— the world.
```

Instrumental   ‖: E F#m7 | G | G F#m7 | 1. E :‖ 2. G#7

Chorus 3
```
                 F#m7  G#7      C#m7
         I could change—— the world,
         D#m7♭5          G#7             C#m7
         I would be the sun - light in your uni - verse,
         D#m7♭5           G#7            C#m7  Cm7  Bm7
         You would think my love was really some - thing good,
              A   E/G#       Gdim       F#m11
         Baby if I could change the world.
              A   E/G#       Gdim       F#m11
         Baby if I could change the world.
              A   E/G#    Gdim  F#m11
         Baby if I could change———— the world.
```

Outro | E F#m7 | G | G F#m7 | 𝄐 E ‖

Cocaine

Words & Music by J.J. Cale

Chords: E (fr7), E11 (fr7), D (fr5), C (fr3), B

Intro / riff ‖: E E11 E |D | E E11 E |D   :‖

Verse 1
```
              E    E11  E
If you wanna hang out,
            D              E    E11 E D
You've got to  take her out, co - caine.
            E    E11 E
If you wanna get down,
D                     E    E11 E D
Down on the ground, co - caine.
           E            D
She don't lie, she don't lie,
            C  B  N.C.
She don't lie,  cocaine.
```

Link 1 | E E11 E |D | E E11 E |D   ‖

Verse 2
```
              E    E11 E
If you've got bad   news,
            D              E    E11 E D
You wanna  kick them blues, co - caine.
            E    E11 E
When your day is  done
        D              E    E11 E D
And you wanna ride on, co - caine.
           E            D
She don't lie, she don't lie,
            C  B  N.C. | E  E11 E |D    | E  E11 E |D
She don't lie,  cocaine.
```

Solo 1 ‖: E E11 E |D | E E11 E |D   :‖ *Play 6 times*

© Copyright 1975 Audigram Songs Incorporated, USA.
Kobalt Music Publishing Limited.
All Rights Reserved. International Copyright Secured.

Verse 3
        E **E11 E**
If your day is   gone
           D   **E**   **E11 E D**
And you wanna ride on, co - caine.
       E   **E11 E**
Don't forget this fact:
     D   **E**   **E11 E D**
You can't get it back, co - caine.
        E   **D**
She don't lie, she don't lie,
        C B N.C.
She don't lie,   cocaine.

Link 2 | E E11 E | D | E E11 E | D ||

        E   **D**
She don't lie, she don't lie,
        C B N.C.
She don't lie, cocaine.

Solo 2 ||: E E11 E | D | E E11 E | D   :|| *Play 3 times*

Outro
        E   **D**
She don't lie, she don't lie,
        C B N.C.
She don't lie, cocaine.

| E E11 E | D | E E11 E | D | E E11 E ||

Crossroads

Words & Music by Robert Johnson

A   D7   E   D   E7

| Intro | | A | A | A | A | D7 | D7 | |
| | | A | A | E | D | A | A | ‖ |

Verse 1
       A
I went down to the crossroad,
D   A
  Fell down on my knees.
D
Down to the crossroad,
         A
Fell down on my knees.
E7
  Asked the Lord above for mercy,
D7   A
  Take me if you please.

Verse 2
       A
I went down to the crossroad,
D   A
  Tried to flag a ride.
D
Down to the crossroad,
         A
Tried to flag a ride.
  E7
Nobody seemed to know me,
D7   A
Everybody passed me by.

© Copyright 2009 Dorsey Brothers Ltd.
All Rights Reserved. International Copyright Secured.

Verse 3

      A
Well I'm going down to Rosedale,
D   **A**
  Take my rider by my side.
D
Going down to Rosedale,
        A
Take my rider by my side.
  E7
We can still barrel-house, baby,
D7   **A**
  On the riverside.

Solo 1

‖: A | D | A | A | D | D |
| A | A | E7 | D7 | A | A E :‖

Verse 4   As Verse 3

Solo 2

‖: A | A | A | A | D | D |
| A | A | E7 | D7 | A | A E :‖
                                                      Play 3 times

Verse 5

      A
You can run, you can run,
D   **A**
  Tell my friend-boy Willie Brown.
D
Run, you can run,
             A
Tell my friend-boy Willie Brown,
    E7
That I'm standing at the crossroad,
  D7 **N.C.**   **A**
Believe I'm sinking down.

Forever Man

Words & Music by Jerry Lynn Williams

Dm B♭ Csus2 Gm

Intro ‖: Dm | Dm | Dm | Dm :‖

Verse 1
    B♭   Csus2   Dm
How many times   must I tell you baby?
    B♭   Csus2   Dm
How many bridges   I've got to cross?
    B♭   Csus2   Dm   Gm
How many times   must I explain   myself
    B♭   Csus2   Dm
'Fore I can   talk to the boss?
    B♭   Csus2   (Dm)
'Fore I can   talk to the boss?

Link 1 | Dm | Dm | Dm | Dm ‖

Verse 2
    B♭   Csus2   Dm
How many times   must I say 'I love you,'
    B♭   Csus2   Dm
Before you finally   understand?
    B♭   Csus2   Dm   Gm
Won't you be my forever wo - man?
      B♭   Csus2 Dm
I'll try to be your for - ever   man,
    B♭   Csus2   (Dm)
Try to be your forever   man.

Link 2 | Dm | Dm | Dm | Dm ‖
(man.)

© Copyright 1976 Urge Music/Universal Music Publishing Limited (75%)/
(administered in Germany by Universal Music Publ. GmbH)/Stage Three Music Limited (25%).
All Rights Reserved. International Copyright Secured.

| *Guitar solo* | | B♭ Csus² | Dm | B♭ Csus² |
| | | Dm | B♭ Csus² | Dm Gm |
| | | B♭ Csus² | Dm | B♭ Csus² ‖

Link 3 | Dm | Dm | Dm | Dm |

Verse 3
    B♭   Csus²   Dm
How many times must I say 'I love you,'
B♭   Csus²   Dm
Before you finally under - stand?
B♭   Csus²   Dm   Gm
Won't you be my forever wo - man?
    B♭   Csus² C Dm
I'll try to be your forever   man.

Chorus 1
B♭   Csus² Dm
Try to be your for - ever   man,
      B♭   Csus²
Forever man, for-ever man,
     Dm   B♭
For-ever man, for-ever man,
    Csus²   Dm Gm
For-ever man, for-ever man,
B♭   Csus² C   Dm
Try to be your for - ever   man.
     B♭ Csus² Dm
For-ever man, for-ever man,
     B♭   Csus²
For-ever man, for-ever man,
    Dm   B♭
For-ever man, for-ever man,
      Csus²   Dm Gm
For-ever man,   for-ever man,
B♭   Csus² C   Dm
Try to be your for - ever   man.

Outro ‖: Dm | Dm | Dm | Dm :‖ *Play 6 times to fade*

Have You Ever Loved A Woman

Words & Music by Billy Myles

Chords: C, F, G7, F7, C7, D♭7

Intro		C		C		F		F	
		C		C		C		C	
		F		F		F		F	
		C		C		C		C	
		G7		G7		F7		F7	
		C C7		F F7		C		G7	

Verse 1

  C   F
   Have you ever loved a woman
C
So much you tremble in pain?
F
   Have you ever loved a woman
     C
So much you tremble in pain?
G7   F7
   And all the time you know, yeah,
      C   C7 F F7 C G7
She bears an - other man's name.

© Copyright 1960 Fort Knox Music Incorporated/Trio Music Company Incorporated, USA.
Lark Music Limited.
All Rights Reserved. International Copyright Secured.

Verse 2

    C   **F**
But you just love that woman
           C
So much   it's a shame and a sin.
F
  You just love that woman
  C
Yes, so much it's a shame and a sin.
G7   **F7**
  But all the time you know, yes you know
        C   **F F7 C G7**
She belongs to your very best friend.

Guitar solos

: C	C	F	F
C	C	C	C
F	F	F	F
C	C	C	C
G7	G7	F7	F7
C C7	F F7	C	G7 :| *Play 4 times*

Verse 3

C   **F**
  Have you ever loved a woman
                      C
And you know you can't leave her alone?
F
  Have you ever loved a woman
                                  C
Yes, and you know you can't leave her a - lone?
G7   **F**
  Something deep inside of you
N.C.   **C C7 F F7 C D♭7 C7**
Won't let you wreck your best friend's home.

Hello Old Friend

Words & Music by Eric Clapton

Intro ‖: G D | C Em | D | D :‖

Verse 1
        G   D   C   Em G
As I am strolling down the garden path,
     D   C   Em   G
I saw a flower glowing in the dark.
         D   C   Em   G
It looked so pretty and it was u - nique;
        D   C   Em   G
I had to bend down just to have a peek.

Chorus 1
     N.C.   Bm   Am
Hello old friend, (hello old friend),
    C   D   Em
It's really good to see you once a - gain.
      Bm   Am
Hello old friend, (hello old friend),
    C   (G)
It's really good to see you once a - gain.

Link 1 ‖: G D | C Em | D | D :‖

Verse 2
    G   D   C   Em   G
I saw you walking under - neath the stars;
       D   C   Em G
I couldn't stop 'cause I was in a car.
       D   C   Em   G
I'm sure the distance wouldn't be too far
     D   C   Em   G
If I got out and walked to where you are.

© Copyright 1976 & 1994 Eric Clapton.
All Rights Reserved. International Copyright Secured.

Chorus 2   As Chorus 1

Link 2   As Link 1

Instr. 1 | G D | C Em | D | D |
   | G D | C Em | D | D N.C. |

Verse 3
      G   D   C   Em   G
An old man passed me on the street to - day;
          D   C   Em   G
I thought I knew him but I couldn't say.
            D   C   Em   G
I stopped to think if I could place his frame.
         D   C   Em   G
When he tipped his hat I knew his name.

Chorus 3   As Chorus 1

Link 3   As Link 1

Instr. 2 | G D | C Em | D | D |
   | G D | C Em | D | D |

Chorus 4
D   Bm   Am
Hello old friend, (hello old friend),
    C   D   Em
It's really good to see you once a - gain.
       Bm   Am
Hello old friend, (hello old friend),
          C   G   D C Em D
It's really good to see you once again.

Outro | G D | C Em | D | D |
   | G D | C Em | D | D |
   | G D | C Em | G |

Holy Mother

Words & Music by Eric Clapton & Stephen Bishop

G C/G Em D/F#
C G/B D7 Cmaj7 Am7

Capo fourth fret

Intro | G | C/G G | Em | D/F# G ||

Verse 1
G   C/G   G
Holy Mother, where are you?
Em   D/F#   G
Tonight I feel broken in two.
              C/G   G
I've seen the stars fall from the sky,
Em   D/F#   G
Holy Mother, can't keep from crying.
C   G/B
Oh I need your help this time,
Em   D/F#   G
Get me through this lonely night,
C   G/B
Tell me please which way to go
Em   D7
To find myself again.

Verse 2
G   C/G   G
Holy Mother, hear my prayer,
Em   D/F#   G
Somehow I know you're still there.
              C/G   G
Send me please some peace of mind,
C   D7   G
To take away this pain.

© Copyright 1983 & 1994 E.C. Music Limited (50%)/Universal/MCA Music Limited (50%)
(administered in Germany by Universal/MCA Music Publ. GmbH).
All Rights Reserved. International Copyright Secured.

Middle

      Cmaj7   **G/B**
I can't wait, I can't wait,
      Am7 **D7**   **G**
I can't wait   any longer.
      Cmaj7   **G/B**
I can't wait, I can't wait,
      Em   **D7**
I can't wait for you.

Verse 3

G   **C/G** **G**
Holy Mother, hear my cry,
Em   **D/F♯** **G**
I've cursed your name a thousand times,
                    C/G   **G**
I've felt the anger running through my veins,
Em   **D/F♯** **G**
All I need is a hand to hold.
C   **G/B**
Oh I feel the end is come,
Em   **D/F♯** **G**
No longer my legs will run.
C   **G/B**
You know I would rather be,
Em   **D7**
In your arms tonight.

Verse 4

G   **C/G** **G**
When my hands no longer play,
Em   **D/F♯** **G**
My voice is still and faded a - way.
            C/G **G Em**
Holy Mother then I'll be lying in,
C   **D7**   **G**
Safe within your arms.

Coda   ‖: **G** | **C/G G** | **Em** | **D/F♯ G** :‖ *Repeat to fade*

I Am Yours

Words & Music by Eric Clapton & Nizami

E7　　G　　F#m　　B　　Em
A　　Cmaj7　　Em7　　D　　Am

Capo fifth fret

Intro | E7 | N.C. |
　　　　　| G | G | G | G |
　　　　　| G | G | G | F#m B ||

Verse 1
　　　　Em
　　　I am yours.
　　　　　　　　　　　　　　　　A
　　　However distant you may be,
　　　Cmaj7   Em   Em7
　　　There blows no wind but wafts your scent to me,
　　　Am   D   G   F#m B
　　　There sings no bird but calls your name to me.
　　　Am   D   G   Em
　　　Each memory that has left its trace with me,
　　　A   D   G   F#m B
　　　Lingers for - ever as a part of me.

Verse 2
　　　　Em
　　　I am yours.
　　　　　　　　　　　　　　　　A
　　　However distant you may be,
　　　Cmaj7   Em   Em7
　　　There blows no wind but wafts your scent to me,
　　　Am   D   G   F#m B
　　　There sings no bird but calls your name to me.
　　　Am   D   G   Em
　　　Each memory that has left its trace with me,
　　　A   D   G   F#m B
　　　Lingers for - ever as a part of me.

© Copyright 1970 Eric Clapton (50%)/Copyright Control (50%).
All Rights Reserved. International Copyright Secured.

Guitar solo

Em	Em	Em	Em	Em
A	A	Cmaj7	Cmaj7
Em	Em7	Am	D
G	F♯m B	Am	D
G	Em	A	D
G	F♯m B ‖

Verse 3

Em
I am yours.
                            A
However distant you may be,
Cmaj7   **Em**   **Em7**
There blows no wind but wafts your scent to me,
Am   **D**   **G**   **F♯m B**
There sings no bird but calls your name to me.
Am   **D**   **G**   **Em**
Each memory that has left its trace with me,
A   **D**   **G**   **F♯m B**
Lingers for - ever as a part of me.

Outro

Em
I am yours.

I Can't Stand It

Words & Music by Eric Clapton

Dm   Am7   G   Am   F

Intro   ‖: Dm | Am7 | G | G   :‖

Verse 1
    (G)   Dm
You've been told,
   Am7   G
So maybe it's time that you learned.
               Dm
You've been sold,
Am7   G
  Maybe it's time that you earned.

Chorus 1
G   Am
I can't stand it.
   F   G   Am
You're fooling a - round, I can't stand it.
   F   G   Am
You're running a - round, I won't stand it.
   F   G   Am
You're fooling a - round with my heart.

Verse 2
   (A)   Dm
I'll ex - plain:
   Am7   G
I feel like I'm being used.
         Dm
Make it plain,
Am7   G
  So you don't get con - fused.

© Copyright 1981 & 1994 Eric Clapton.
All Rights Reserved. International Copyright Secured.

Chorus 2
    G   **Am**
I can't stand it.
        F   **G**   **Am**
You're fooling a - round, I won't stand it.
        F   **G**   **Am**
You're running a - round, I can't stand it.
        F   **G**   **Am**
You're fooling a - round with my heart.

Guitar solo   ‖: Dm | Am7 | G | G   :‖

Chorus 3
    G   **Am**
I can't stand it.
        F   **G**   **Am**
You're running a - round, I can't stand it.
        F   **G**   **Am**
You're fooling a - round, I can't stand it.
        F   **G**   **Am**
You're playing a - round with my heart.

Verse 3
Am Dm
It's time,
Am7   **G**
Time for me to let you know.
        Dm
Ain't no crime,
  Am7   **G**
No crime to let your feelings show.

Chorus 4
    G   **A**
I can't stand it.
        F   **G**   **Am**
You're running a - round, I can't stand it.
        F   **G**   **Am**
You're playing a - round, I can't stand it.
        F   **G**   **Am**
You're fooling a - round, I can't stand it.
        F   **G**   **Am**
You're running a - round, I can't stand it.
        F   **G**   **Am**
You're playing a - round, I can't stand it.
        F   **G**   **Am**
You're fooling a - round, I can't stand it.
        F   **G**   **Am**
You're running a - round, I can't stand it.

Chorus 5
     F   **G**   **Am**   **N.C.**
You're running a - round, I won't stand it.
F   **G**   **Am**   **N.C.**
Running a - round, I won't stand it.
     F   **G**   **Am**   **N.C.**
You're fooling a - round, I won't stand it.
F   **G**   **Am**   **N.C.**
Playing a - round, I won't stand it.

Chorus 6
     F   **G**   **Am**
You're running a - round with my heart.
     F   **G**   **Am** **F**   **G** **Am**
You're fooling a - round with   my heart.
    F   **G** **Am**
My heart
F   **G**   **Am**
Running a - round with...
F   **G**   **Am**
Fooling a - round with my heart.

Chorus 7
F   **G**   **Am**
Fooling a - round, I won't stand it.
F   **G**   **Am**
Running a - round, I won't stand it.
F   **G**   **Am**
Fooling a - round, I won't stand it.
F   **G**   **Am**
Fooling a - round, I won't stand it.
F   **G**   **Am**
Fooling a - round, I won't stand it.
F   **G**   **Am**
Running a - round, I won't stand it.
F   **G**   **Am**
Fooling a - round, I can't stand it.
F   **G**   **Am**
Running a - round I,
F   **G**   **Am**
Running a - round it.
     F   **G**   **Am**
You keep running a - round it.
F   **G**   **Am**
Running a - round it.
F   **G**   **Am**
Running a - round it.
       F   **G**   **Am**
Run, run, run, running around it.   *Fade out*

I Feel Free

Words & Music by Jack Bruce & Pete Brown

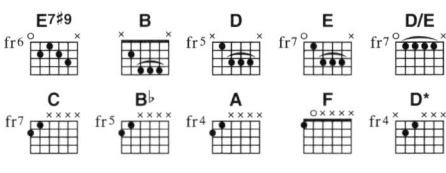

Intro **E7♯9 N.C.**
      Bom, bom, bom, ba, bom, bom.

Bom, bom, bom, ba, bom, bom.

I feel free.

Bom, bom, bom, ba, bom, bom.

I feel free. (Mmm————)

Bom, bom, bom, ba, bom, bom.

I feel free. (Mmm————)

Bom, bom, bom, ba, bom, bom.

I feel free. (Mmm————)

Bom, bom, bom, ba, bom, bom.

I feel free. (Mmm————)

Bom, bom, bom, ba, bom, bom.

I feel free. (Mmm————)

Bom, bom, bom, ba, bom, bom.

I feel free. (Mmm————)

Bom, bom, bom, ba, bom, bom.

I feel free. (Mmm————)

Bom, bom, bom, ba, bom, bom.

I feel free.

Verse 1

    B D E D/E   E   D/E
Feel— when I dance with you,
E D/E   E D/E
We— move like the sea.
E D/E   E
You,— you're all I want to know,
D   E
I feel free,

I feel free,
D   E
I feel free.

Bridge

N.C.(E)
I can walk down the street,

There's no one there,

Though the pavement's are one huge crowd.

I can drive down the road,

My eyes don't see,

Though my mind wants to cry out loud.

Intro
Gutar solo

E   D/E   E   D/E
Ah.————
E   D/E   E   D/E
Ah.————
E   D/E   E
Ah.————
D   E
I feel free,
D   E
I feel free,
D   E
I feel free.

Bridge 2	**C** I can walk down the street, There's no one there, **B♭** Though the pavement's are one huge crowd. **A** I can drive down the road, My eyes don't see, **F** Though my mind wants to cry out loud. **D*** Though my mind wants to cry out loud.
Verse 3	**E D/E E D/E** Dance— floor is like the sea, **E D/E E D/E** Ceil - ing is the sky. **E D/E E** You're the sun— and as you shine on me, **D E** I feel free, **D E** I feel free, **D E** I feel free.
Outro	**E D/E E D/E** Ah.———————— **E D/E E D/E** Ah.———————— *Repeat to fade*

I Looked Away

Words & Music by Eric Clapton & Bobby Whitlock

Intro	‖: C │ G │ F │ C G :‖

Chorus 1	**C G/B C Dsus2** She took my hand, **G7/B E E7/G♯ Am G/B F** And tried to make me un - der - stand, ** D7/F♯ G D7 G** That she would always be there. **C G/B C Dsus2** But I looked a - way, **G7/B E E7/G♯ Am G/B F** And she ran a - way from me to - day, ** D7/F♯ G E Am*** I'm such a lonely man.

Verse 1	**Am* Fm9 B♭7/F**
	It came as no sur - prise to me,
	Am* Fm9 B♭7/F
	  That she'd leave me in mise - ry, yeah, yeah.
	Am* Fm9 B♭7/F
	  It seemed like only yester - day,
	B♭sus4/F B♭/F B♭sus4/F B♭/F B♭sus4/F B♭/F C
	She made a vow that she'd never walk a - way.

© Copyright 1970 & 1995 Eric Clapton (50%)/Warner/Chappell Music Limited (50%).
All Rights Reserved. International Copyright Secured.

Chorus 2   As Chorus 1

Verse 2
Am*   Fm9   B♭7/F
And if it seemed a sin,
Am*   Fm9   B♭7/F
  To love an - other man's woman, baby,
Am*   Fm9   B♭7/F
  I guess I'll keep on sinning,
B♭sus4/F   B♭/F   B♭sus4/F   B♭/F   B♭sus4/F   B♭/F   C
Loving her, Lord,   till my very   last   day.

Guitar solo
| C G/B C | Dsus2 | G7/B | E E7/G♯ Am G |
| F | D7/F♯ | G | G D7 G ‖

Chorus 3
C G/B   C   Dsus2
  I looked a - way,
G7/B   E   E7/G♯   Am   G/B F
  And she ran a - way from   me   to - day,
**   D7/F♯   G   E   Am***
I'm such a lonely man.

Guitar solo
| Am* | Fm9   B♭7/F | Am* | Fm9   B♭7/F |
| Am* | Fm9   B♭7/F |
| B♭sus4/F   B♭/F   B♭sus4/F   B♭/F   B♭sus4/F   B♭/F ‖

Outro
| C | G | F | C G |
| C | G | F | C G | C/E ‖

I Shot The Sheriff

Words & Music by Bob Marley

| Gm | Cm7 | E♭maj7 | Dm7 |

Chorus 1
    Gm   Cm7   Gm | Gm |
I shot the sheriff,   but I did not shoot the deputy.
    Gm   Cm7   Gm | Gm |
I shot the sheriff,   but I did not shoot the deputy.

Verse 1
    E♭maj7 Dm7   Gm
All   around in my home town
    E♭maj7   Dm7   Gm
They're trying to track me down.
        E♭maj7   Dm7   Gm
They say they want to bring me in guilty,
      E♭maj7   Dm7 Gm
For the killing of a deputy,
      E♭maj7 Dm7 Gm   N.C.
For the life of a depu-ty, but I say:

Chorus 2
    Gm   Cm7   Gm | Gm |
I shot the sheriff,   but I swear it was in self-defence.
    Gm   Cm7   Gm | Gm |
I shot the sheriff,   and they say it is a capital offence.

Verse 2
    E♭maj7   Dm7   Gm
    Sheriff John Brown always hated me,
    E♭maj7   Dm7   Gm
For what I don't know.
    E♭maj7   Dm7   Gm
And every time that I plant a seed,
      E♭maj7 Dm7 Gm
He said, 'Kill it before it grows,'
      E♭maj7   Dm7   Gm   N.C.
He said, 'Kill it before it grows,' I say:

© Copyright 1973 Fifty-Six Hope Road Music Limited/Odnil Music Limited.
Blue Mountain Music Limited.
All Rights Reserved. International Copyright Secured.

Chorus 3

Gm	Cm7	Gm

I shot the sheriff, but I swear it was in self-defence.

Gm	Cm7	Gm

I shot the sheriff, but I swear it was in self-defence.

Verse 3

E♭maj7　Dm7　　Gm
Freedom came my way one day,

E♭maj7　Dm7　　　Gm
　And I started out of town, yeah.

E♭maj7　Dm7　　　Gm
　All of a sudden I see Sheriff John Brown,

E♭maj7　Dm7　　　　　Gm
　　　Aimin' to shoot me down.　　　🎵 **N.C.**

**　E♭maj7　Dm7　　　Gm**
So I shot,　　I shot him down, and I say:

Chorus 4

Gm　　　　　Cm7　　　　　　Gm
I shot the sheriff, but I did not shoot the deputy.

Gm　　　　　Cm7　　　　　　Gm
I shot the sheriff, but I did not shoot the deputy.

Verse 4

E♭maj7　Dm7　　Gm
　Reflexes got the better of me

E♭maj7　Dm7　　Gm
　And what is to be must be.

E♭maj7　　　　Dm7　Gm
　Everyday the bucket goes to the well,

E♭maj7　　　　　Dm7　　Gm
　But one day the bottom will drop out,

E♭maj7　　Dm7　　　Gm　　　　　N.C.
　Yes, one day the bottom will drop out. I say:

Chorus 5

Gm　　　　　Cm7　　　　　　Gm
I shot the sheriff, but I did not shoot the deputy.

Gm　　　　　Cm7　　　　　　Gm
I shot the sheriff, but I did not shoot no deputy, oh no.

Outro

‖: E♭maj7 | Dm7 | Gm :‖　*Play 8 times to fade*

It Hurts Me Too

Words & Music by Hudson Whittaker

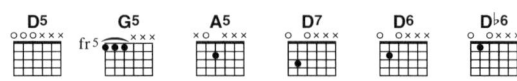

⑥ = D♭ ③ = F
⑤ = A♭ ② = A♭
④ = D♭ ① = D♭

Intro | D5 | D5 | D5 | D5 |
              | G5 | G5 | G5 | G5 |
              | D5 | D5 | A5 | G5 |
              | D5 D7 | D6 D(♭6) | D5 | A5 ||

Verse 1
    (A5)   D5
You said you was hurting, almost lost your mind,
              G5
And the man you love, he hurts you all the time.
       D5   A5 G5
When things go wrong, go wrong with you,
     D5 D7 D6 D(♭6) D5 A5
It hurts me too.

Verse 2
    (A5)   D5
You love him more when you should love him less.
       G5
I pick up be - hind him and take his mess.
       D5   A5 G5
When things go wrong, go wrong with you,
     D5 D7 D6 D(♭6) D5 A5
It hurts me too.

© Copyright 1949 MCA Music Publishing Incorporated, USA.
Universal/MCA Music Limited.
All rights in Germany administered by Universal/MCA Music Publ. GmbH.
All Rights Reserved. International Copyright Secured.

Verse 3

      (**A5**)   **D5**
He'll love another woman and I love you,
         G5
But you love him and stick to him like glue.
        D5   **A5** **G5**
When things go wrong, go wrong with you,
     D5 **D7** **D6** **D(♭6)** **D5** **A5**
It hurts me too.

Solo 1

D5	D5	D5	D5
G5	G5	G5	G5
D5	D5	A5	G5
D5 D7	D6 D(♭6)	D5	A5	

Verse 4

      (**A5**)   **D5**
Now you better leave him, he better put you down.
       G5
Oh, I won't stand to see you pushed around.
        D5   **A5** **G5**
When things go wrong, go wrong with you,
     D5 **D7** **D6** **D(♭6)** **D5** **A5**
It hurts me too.

Solo 2

D5	D5	D5	D5
G5	G5	G5	G5
D5	D5	A5	G5
D5 D7	D6 D(♭6)	D5	D5	

It's In The Way That You Use It

Words & Music by Eric Clapton & Robbie Robertson

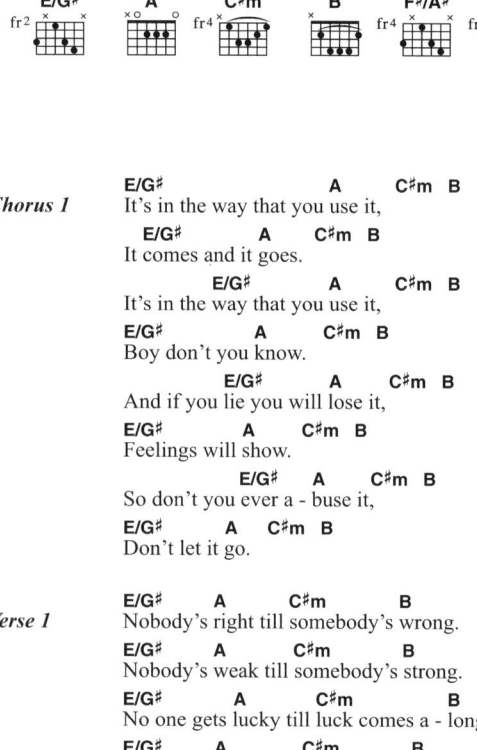

Chorus 1
    E/G♯   A   C♯m B
It's in the way that you use it,
    E/G♯   A   C♯m B
It comes and it goes.
        E/G♯   A   C♯m B
It's in the way that you use it,
E/G♯   A   C♯m B
Boy don't you know.
          E/G♯   A   C♯m B
And if you lie you will lose it,
E/G♯   A   C♯m B
Feelings will show.
           E/G♯   A   C♯m B
So don't you ever a - buse it,
E/G♯   A   C♯m B
Don't let it go.

Verse 1
E/G♯   A   C♯m   B
Nobody's right till somebody's wrong.
E/G♯   A   C♯m   B
Nobody's weak till somebody's strong.
E/G♯   A   C♯m   B
No one gets lucky till luck comes a - long.
E/G♯   A   C♯m   B
Nobody's lonely till somebody's gone.

© Copyright 1986, 1997 & 2004 E.C. Music Limited (57.5%)/
Warner/Chappell Music Limited (42.5%).
All Rights Reserved. International Copyright Secured.

	(B) E/G♯ A C♯m B
Chorus 2	It's in the way that you use it,

                        E/G♯   A   C♯m   B
                        It comes and it goes.
                              E/G♯   A   C♯m   B
                        It's in the way that you use it,
                        E/G♯   A   C♯m   B   E/G♯
                        Boy don't you know.

Guitar solo   ‖: A | C♯m | B | E/G♯ :‖   *Play 3 times*
                             | A | C♯m | B | B   ‖

Chorus 3   As Chorus 1

                        E/G♯   A   C♯m   B
Verse 2   I've seen dark skies, never like this.
                        E/G♯   A   C♯m   B
                        Walked on some thin ice, never like this.
                        E/G♯   A   C♯m   B
                        I've told you white lies, never like this.
                        E/G♯   A   C♯m   B
                        Looked into true eyes, never like this.

                        F♯/A♯   B   D♯m   C♯
Chorus 4   It's in the way that you use it,
                        F♯/A♯   B   D♯m   C♯
                        Boy don't you know.
                              F♯/A♯   B   D♯m   C♯
                        So don't you ever   a - buse it,
                            F♯/A♯   B D♯m C♯   F♯/A♯
                        And don't let it go.   Yeah.

Outro   ‖: B | D♯m | C♯ | F♯/A♯ :‖   *Play 16 times to fade*

It's Too Late

Words & Music by Chuck Willis

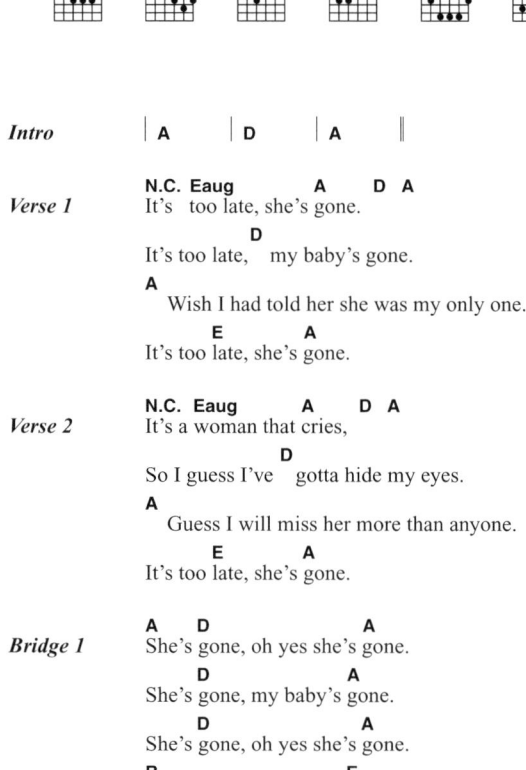

Intro | A　　| D　　| A　　‖

Verse 1
    N.C. Eaug　　　A　　D　A
    It's　too late, she's gone.
    　　　　　　D
    It's too late,　my baby's gone.
    A
    　Wish I had told her she was my only one.
    　　　　　E　　　A
    It's too late, she's gone.

Verse 2
    N.C. Eaug　　　A　　D　A
    It's a woman that cries,
    　　　　　　　D
    So I guess I've　gotta hide my eyes.
    A
    　Guess I will miss her more than anyone.
    　　　　　E　　　A
    It's too late, she's gone.

Bridge 1
    A　　D　　　　　A
    She's gone, oh yes she's gone.
    　　　D　　　　A
    She's gone, my baby's gone.
    　　　D　　　　　A
    She's gone, oh yes she's gone.
    B　　　　　　　E
    　Where can my baby be?

© Copyright 1955 Tideland Music Publishing Corporation, USA.
Cecil Lennox Limited.
All Rights Reserved. International Copyright Secured.

Verse 3

N.C. Eaug   **A**   **D A**
And I wonder does she know

               D
When she left me,   it hurt me so.

A
  I need your love babe, please don't make me wait.

E   **A**
Tell me it's not too late.

Guitar solo

|: D | D | A | A :| *Play 3 times*
B	B	E	E
A	D	A	A
D	D	D	D
A	A	A	A
E	E	A	A	

Bridge 2   As Bridge 1

Verse 4

N.C. Eaug   **A**   **D A**
And I wonder does she know

               D
When she left me,   it hurt me so.

A
  I need your love babe, please don't make me wait.

E   **A**   **D A B♭7 A7**
Tell me it's not too late.

I've Got A Rock 'N' Roll Heart

Words & Music by
Steve Diamond, Troy Seals & Eddie Setser

A   F♯m   D   E

| Intro | | A | F♯m | A | F♯m ‖ |

Verse 1
```
          A              D                A   F♯m E A
          I've got a feeling we could be serious girl.
                          D                     A   F♯m E A
          Right at this moment   I could promise you the world.
              D              A
          Be - fore we go crazy, be - fore we explode,
          D                                    E
             There's something 'bout me baby you got to know,

          You got to know.
```

Chorus 1
```
          A    F♯m   D E
          I get off on '57 Chevys,
          A    F♯m   D         E
          I get off on a screamin' gui - tar.
          A         F♯m   D          E
          Like the way it gets me every time it hits me.
          D
            I've got a rock 'n' roll,
          E                    (A)
          I've got a rock 'n' roll heart.
```

| Link 1 | | A F♯m | A F♯m | A F♯m | A F♯m ‖ |

© Copyright 1983 Warner Tamerlane Publishing Corporation/Diamond Mine Music, USA.
Warner/Chappell Music Limited.
All Rights Reserved. International Copyright Secured.

Verse 2
     A   **D**   **A**   **F♯m E A**
Feel like we're falling   into the arms of the night.
                          D   **A**   **F♯m E A**
So if you're not ready,   don't be holding me so tight.
D   **A**
  I guess there's nothing left for me to explain.
D   **E**
  Here's what you're gettin' and I don't wanna change,

I don't wanna change.

Chorus 2   As Chorus 1

Link 1 | **A F♯m** | **D E** | **A F♯m** | **D E** |

            | **A F♯m** | **D E** | **D** | **E** ||

Bridge
E
I don't need no glitter, no Hollywood,

All you got to do is lay it down

And you lay it down good.

Chorus 2   As Chorus 1

Link 2 | **A F♯m** | **A F♯m** ||

Outro
A   **F♯m**   **A**   **F♯m**
  I've got, you've got a rock'n'roll heart.   *Repeat to fade*

(I) Get Lost

Words & Music by Eric Clapton

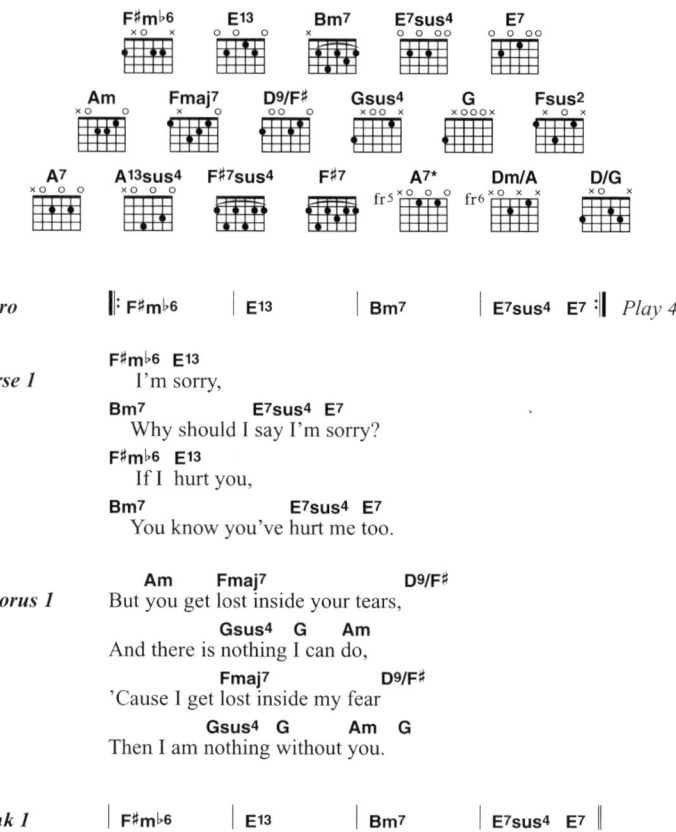

Intro ‖: F♯m♭6 | E13 | Bm7 | E7sus4 E7 :‖ *Play 4 times*

Verse 1
F♯m♭6 E13
  I'm sorry,
Bm7   E7sus4 E7
  Why should I say I'm sorry?
F♯m♭6 E13
  If I hurt you,
Bm7   E7sus4 E7
  You know you've hurt me too.

Chorus 1
        Am   Fmaj7   D9/F♯
But you get lost inside your tears,
             Gsus4 G   Am
And there is nothing I can do,
            Fmaj7   D9/F♯
'Cause I get lost inside my fear
        Gsus4 G   Am   G
Then I am nothing without you.

Link 1 | F♯m♭6 | E13 | Bm7 | E7sus4 E7 ‖

© Copyright 1999 E.C. Music Limited.
All Rights Reserved. International Copyright Secured.

Verse 2

    F♯m♭6   **E13**
    You're angry,
Bm7   **E7sus4** **E7**
    Why shouldn't you be angry?
F♯m♭6   **E13**
    With what we've been through,
Bm7   **E7sus4** **E7**
    Well I get angry   too.

Chorus 2

       Am   **Fmaj7**   **D9/F♯**
But you get lost inside your tears,
          Gsus4 **G**   **Am**
And there is nothing I can do,
           Fmaj7   **D9/F♯**
'Cause I get lost inside my fear
        Gsus4   **G**   **Am** **G** **D9/F♯**
Then I am nothing without you.
           Fmaj7 **E7sus4** **E7sus4** **Fsus2**
Then I am nothing with - out   you.

Bridge

Fsus2   **E7sus4** **E7**
    Why should we have taken so long
      A7   **A13sus4** **F♯7sus4** **F♯7**
To be looking in - side of our minds?
Fsus2   **E7sus4** **E7**
    Everything we tried went wrong.
      A7   **A13sus4**   **A7***   **Dm/A**
Are we worried 'bout what we might find?
     D/G
Ooh.——

Solo

‖: **F♯m♭6** | **E13** | **Bm7** | **E7sus4** **E7** :‖

Verse 3

F♯m♭6 **E13**
    I'm sorry,
Bm7   **E7sus4** **E7**
    Why can't I say I'm sorry?
F♯m♭6 **E13**
    If I hurt you,
Bm7   **E7sus4** **E7**
    You know it hurts me too.

Chorus 3   Am   Fmaj7   D9/F#
But you get lost inside your tears,
              Gsus4 G   Am
And there is nothing I can do,
            Fmaj7   D9/F#
'Cause I get lost inside my fear
           Gsus4 G   Am
Then I am nothing without you.
            Fmaj7   D9/F#
And you get lost inside your tears,
            Gsus4 G   Am
And there is nothing we can do,
           Fmaj7   D9/F#
'Cause I get lost inside my fear
           Gsus4 G   Am   G D9/F#
Then I am nothing without you.
           Fmaj7   E7sus4 E7 Am   G D9/F#
And I am nothing with - out you.
             Fmaj7   E7sus4 E7 Am   G D9/F#
Feel like I am nothing with - out you.
            Fmaj7   E7sus4 E7 Am   G D9/F#
And I am nothing with - out you.
            Fmaj7   E7sus4 E7   (F#m♭6)
Like I am nothing with - out you.

Outro ||: F#m♭6 | E13 | Bm7 | E7sus4 E7 :|| *Repeat to fade*

Keep On Growing

Words & Music by Eric Clapton & Bobby Whitlock

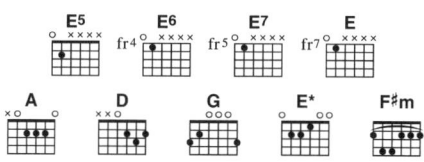

Tune guitar slightly sharp

Intro ‖: E5 E6 | E7 E | E5 E6 | E7 E :‖ *Play 3 times*

| E5 E6 | E7 E | E | E ‖

‖: A | D | A | D |

| A | D | G D | A :‖

Verse 1
A
I was laughing, playing in the streets, I was unknowing,
G   D   A
I didn't know my fate.

Playing the game of love, but never really showing,
G   D   A
I thought that love could wait.

Bridge 1
E*   D   A
 I was a young man and sure to go a - stray.
E*   D   F♯m
 You walked right into my life and told me love would find a way.

| E5 E6 | E7 E | E E6 ‖

Chorus 1
E7   E   A   D   A   D   A   D
As you keep on growing, keep on growing, keep on growing.
G   D   A
Yeah, yeah, yeah.

© Copyright 1970 Eric Clapton (50%)/Campbell Connelly & Company Limited (50%).
All Rights Reserved. International Copyright Secured.

79

Verse 2
     A
I was standing, looking in the face of one who loved me,
  G   **D**   **A**
Feeling so a - shamed.

Hoping and praying, Lord, that she could understand me,
  G   **D**   **A**
But I didn't know her name.

Bridge 2
E*   **D**   **A**
  She took my hand in hers and told me I was wrong.
E*   **D**   **F♯m**
  She said, you're gonna be all right boy,   oh just as long...

| E5 E6 | E7 E | E E6 ‖

Chorus 2
E7 **E**   **A**   **D**   **A**   **D**   **A**   **D**
As you keep on growing,   keep on growing,   keep on growing.
G   **D**   **A**
Yeah, yeah, yeah.

Guitar solo
‖: A | A | A | A |
| A | A | G D | A :‖
A D	G	G	G D	A	A
A D	G	G	G D
E5 E6	E7 E	E5 E6	E7 E
A	D	A	D
A	D	G D	A
A	D	A	D
Baby.
A	D	G D	A ‖

| | **A**
Verse 3 | Maybe someday baby, who knows where or when, Lord,
| | **G   D   A**
| | Just you wait and see.

We'll be walking together hand in hand, along forever;
G   D   A
Woman just you and me.

E*   **E D**
Bridge 3   'Cause time is gonna change us, Lord, and I know it's true;
F♯m
Our love is gonna keep on glowing and growing

And it's all we gotta do.

| E5 E6 | E7 E | E5 E6 | E7 E ‖

(E)   **A**   **D**   **A**   **D**   **A**   **D**
Chorus 4   Keep on growing,   keep on growing,   keep on growing.
G   D   A
Yeah, yeah, yeah.
                    D   **A**   **D**   **A**   **D G D A**
Keep on growing,   keep on growing,   keep on growing.

Outro   ‖: A | D | A | D |

| A | D | A | D   :‖ *Play 10 times*

| A | D | G D | A   ‖

Key To Love

Words & Music by John Mayall

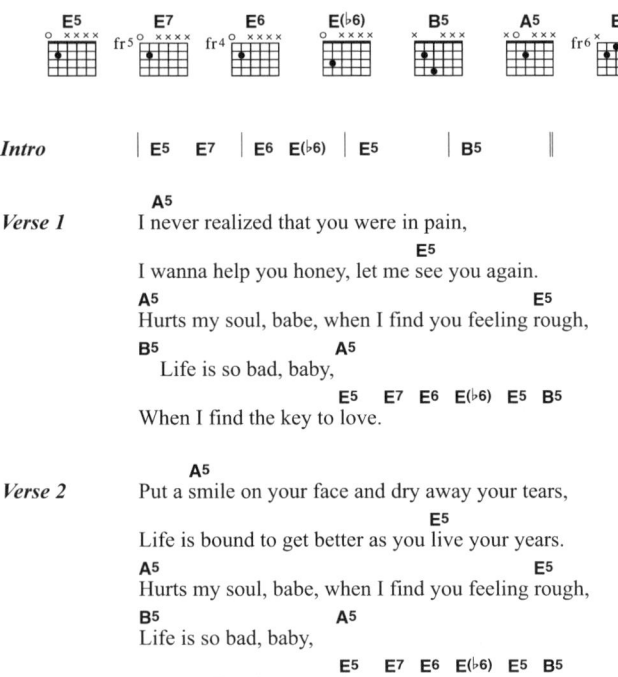

Intro | E5   E7 | E6   E(♭6) | E5 | B5 ||

Verse 1
       A5
I never realized that you were in pain,
                  E5
I wanna help you honey, let me see you again.
A5   **E5**
Hurts my soul, babe, when I find you feeling rough,
B5   **A5**
   Life is so bad, baby,
                    E5 **E7** **E6** **E(♭6)** **E5** **B5**
When I find the key to love.

Verse 2
       A5
Put a smile on your face and dry away your tears,
                  E5
Life is bound to get better as you live your years.
A5   **E5**
Hurts my soul, babe, when I find you feeling rough,
B5   **A5**
Life is so bad, baby,
                      E5 **E7** **E6** **E(♭6)** **E5** **B5**
When I find the key to love.

© Copyright 1966 Getaway Music Limited.
All Rights Reserved. International Copyright Secured.

Solo

A5	A5	A5	A5
A5	A5	E5	E5
A5	A5	A5	A5
E5	E5	E5	E5
B5	B5	A5	A5
E5 E7	E6 E(♭6)	E5	B5 ‖

Verse 3

    A5
Somewhere in this world, the one you waited for,
                                E5
Come along and find you, turn the key to your door.
A5   E5
Hurts my soul, babe, when I find you feeling rough,
B5   A5
  Life is so bad, baby,
N.C.   E5   E7 E6 E(♭6) E5 B5 E9
When you find the key to love.

Knockin' On Heaven's Door

Words & Music by Bob Dylan

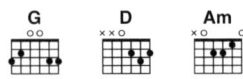

| *Intro* | | G | Am || |

            | G   D | Am | G   D | Am ||

Verse 1
```
G              D           Am
Ma, take this badge off of me
G      D         Am
I can't use it any - more.
G              D            Am
It's gettin' dark, too dark to see
G               D                 Am
I feel like I'm knockin' on heaven's door.
```

Chorus 1
```
G              D             Am
Knock, knock, knockin' on heaven's door,
G              D             Am
Knock, knock, knockin' on heaven's  door,
G              D             Am
Knock, knock, knockin' on heaven's door,
G              D             Am
Knock, knock, knockin' on heaven's door.
```

© Copyright 1973 Ram's Horn Music, USA.
All Rights Reserved. International Copyright Secured.

	G D Am
Verse 2	Ma, take these guns away from me,
	G **D** **Am**
	I can't shoot them any - more.
	G **D** **Am**
	There's a long black cloud following me,
	G **D** **Am**
	Feel like I'm knockin' on heaven's door,

Knock, knock knockin…

Chorus 2
    G   **D**   **Am**
    Knock, knock, knockin' on heaven's door,
    G   **D**   **Am**
    Knock, knock, knockin' on heaven's door,
    G   **D**   **Am**
    Knock, knock, knockin' on heaven's door,
    G   **D**   **Am**
    Knock, knock, knockin' on heaven's door.

Solo   ‖: G D | Am | G D | Am | G D | Am   :‖

Verse 3   As Verse 1

Coda   ‖: G   D | Am   :‖   *Play 4 times*
              Ooh, ooh, ooh, ooh.

              𝄐
              G

Lay Down Sally

Words & Music by
Eric Clapton, George Terry & Marcy Levy

| **Intro** | ‖: A | A7 | A | A7 :‖ *Play 4 times* |

Verse 1
    A
There is nothing that is wrong,
                              D
With wanting you to stay here with me.
A
I know you've got somewhere to go,
                                        D
But won't you make yourself at home and stay with me,
            E
And don't you ever leave.

Chorus 1
    A   D
Lay down Sally, and rest here in my arms.
E   A   A7
Don't you think you want someone to talk to?
A   D
Lay down Sally, no need to leave so soon,
E   A   A7
I've been trying all night long just to talk to you.

| **Link** | ‖: A | A7 | A | A7 :‖ |

Verse 2
    A
Sun ain't nearly on the rise,
                        D
We still got the moon and stars above.
A
Underneath the velvet skies,
                              D
Love is all that matters, won't you stay with me?
           E
And don't you ever leave.

© Copyright 1977 & 1999 Warner/Chappell Music Limited (66.67%)/Eric Clapton (33.33%).
All Rights Reserved. International Copyright Secured.

Chorus 2
    A   **D**
Lay down Sally, and rest here in my arms.
E   **A**   **A7**
Don't you think you want someone to talk to?
A   **D**
Lay down Sally, no need to leave so soon,
E   **A**   **A7**
I've been trying all night long just to talk to you.

Solo   ‖: A | A7 | A | A7 :‖ *Play 8 times*

Verse 3
A
I long to see the morning light
                       D
Colouring your face so dreamily.
 A
So don't you go and say goodbye,
                             D
You can lay your worries down and stay with me,
            E
And don't you ever leave.

Chorus 3
  A   **D**
‖: Lay down Sally, and rest here in my arms.
E   **A**   **A7**
Don't you think you want someone to talk to?
A   **D**
Lay down Sally, there's no need to leave so soon,
E   **A**   **A7**
I've been trying all night long just to talk to you. :‖

Coda   ‖: A | A7 | A | A7 :‖ *Play 4 times to fade*

Layla (Unplugged)

Words & Music by Eric Clapton & Jim Gordon

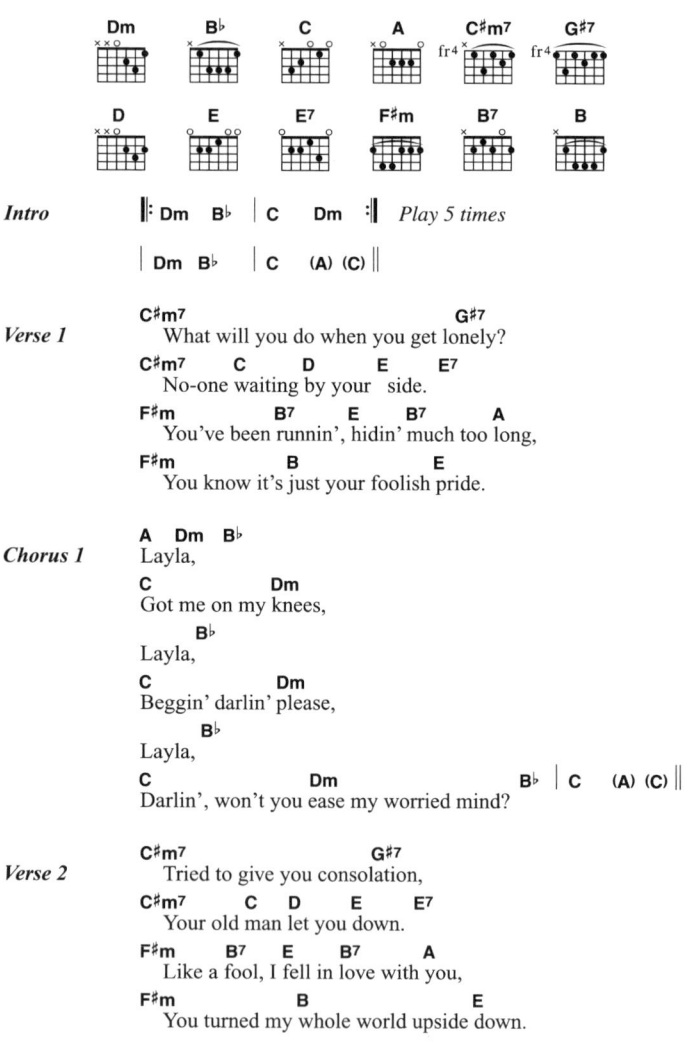

Intro
‖: Dm B♭ | C Dm :‖ *Play 5 times*
| Dm B♭ | C (A) (C) ‖

Verse 1
C♯m7   G♯7
What will you do when you get lonely?
C♯m7   C   D   E   E7
No-one waiting by your   side.
F♯m   B7   E   B7   A
You've been runnin', hidin' much too long,
F♯m   B   E
You know it's just your foolish pride.

Chorus 1
A Dm B♭
Layla,
C   Dm
Got me on my knees,
       B♭
Layla,
C   Dm
Beggin' darlin' please,
       B♭
Layla,
C   Dm   B♭ | C (A) (C) ‖
Darlin', won't you ease my worried mind?

Verse 2
C♯m7   G♯7
Tried to give you consolation,
C♯m7   C   D   E   E7
Your old man let you down.
F♯m   B7   E   B7   A
Like a fool, I fell in love with you,
F♯m   B   E
You turned my whole world upside down.

© Copyright 1970, 1998 & 2004 Warner/Chappell Music Limited.
All Rights Reserved. International Copyright Secured.

Chorus 2   As Chorus 1

Verse 3

    C♯m7   **G♯7**
Make the best of the situation,
C♯m7   **C**   **D**   **E**   **E7**
Before I finally go insane.
F♯m   **B7**   **E**   **B7**   **A**
Please don't say we'll never find a way,
F♯m   **B**   **E**
Tell me all my love's in vain.

Chorus 3

  A **Dm** **B♭**
‖: Layla,
C   **Dm**
Got me on my knees,
    B♭
Layla,
C   **Dm**
Beggin' darlin' please,
    B♭
Layla,
C   **Dm**   **B♭** **C** **Dm**
Darlin', won't you ease my worried mind? :‖

Solo   ‖: **Dm** **B♭** | **C** **Dm** :‖ *Play 8 times*

Chorus 4

  A **Dm** **B♭**
‖: Layla,
C   **Dm**
Got me on my knees,
    B♭
Layla,
C   **Dm**
Beggin' darlin' please,
    B♭
Layla,

|1.
C   **Dm** | **B♭** **C** **Dm**
Darlin', won't you ease my worried mind? :‖

|2.   ⌒
C   **Dm**
Darlin', won't you ease my worried mind? ‖

Layla

Words & Music by Eric Clapton & Jim Gordon

Tune guitar slightly sharp

Intro | N.C. | N.C. | N.C. | N.C. |
| Dm B♭ | C Dm | Dm B♭ | C Dm |
| Dm B♭ | C Dm | Dm B♭ | C ||

Verse 1
```
         C#m7                      G#m7
What'll you do when you get lonely,
   C#m7         C       D       E   E7
And nobody's waiting by your side?
F#m       B             E            A
You been runnin' and hidin' much too long,
F#m       B              E
You know it's just your foolish pride.
```

Chorus 1
```
    A   Dm  B♭
Layla, __
   C         Dm
Got me on my knees,
      B♭
Layla,
   C            Dm
I'm beggin' darlin' please,
      B♭
Layla,
   C             Dm               B♭  C
Darlin', won't you ease my worried mind?
```

© Copyright 1970, 1998 & 2004 Warner/Chappell Music Limited.
All Rights Reserved. International Copyright Secured.

Verse 2

C#m7   G#m7
Tried to give you consolation,
C#m7   C   D   E   E7
When your old man let you down.
F#m   B   E   A
Like a fool, I fell in love with you,
F#m   B   E
You turned my whole world upside down.

Chorus 2

A   Dm   B♭
Layla, —
C   Dm
Got me on my knees,
      B♭
Layla,
   C   Dm
I'm beggin' darlin' please,
    B♭
Layla,
C   Dm   B♭   C
Darlin', won't you ease my worried mind?

Verse 3

C#m7   G#m7
Make the best of the situation,
C#m7   C   D   E   E7
Before I finally go insane.
F#m   B   E   A
Please don't say we'll never find a way,
F#m   B   E
Don't tell me all my love's in vain.

Chorus 3

    A   Dm   B♭
‖: Layla, —
C   Dm
Got me on my knees,
      B♭
Layla,
   C   Dm
I'm beggin' darlin' please,
   B♭
Layla,
C   Dm   B♭   C   Dm
Darlin', won't you ease my worried mind? :‖

Play 5 times

| *Guitar solo* | ‖: Dm | B♭ | C | Dm | Dm | B♭ | C | Dm :‖ |
| | Dm | B♭ | C | Dm | Dm | B♭ | C | C ‖ |

Piano solo ‖: C | C/E | F | F |

| C | C/E | F | F | B♭9 | B♭9 | C | C |

| C | C/E | F | F | B♭9 | B♭9 | C | C |

| C | C/E | F | F | B♭9 | B♭9 | C | C | Em/B ‖

| Am7 | Dm7 | G | C | Am | Dm | G | G :‖ *Play 3 times*

Coda | C | C/E | F | F |

| C | C/E | F | F | B♭9 | B♭9 | C | C |

‖: C | C/E | F | F :‖ *Play 4 times*

| C | C/E | F | F | B♭9 | B♭9 | C | C ‖

Miss You

Words & Music by
Eric Clapton, Greg Phillinganes & Bobby Colomby

Intro | B7♯9 ||

‖: Em7 D C | G Am | Em7 D C | G Am :‖

Verse 1
Em7
Don't change your mind,
                          A
I ain't got the time to sit and wonder.
Em7
 I'm doing fine.
                        A
If you decide to leave, I won't go under.

Bridge 1
C   G
  You know I've come this far with - out you;
D   A
It won't be too hard to be a - lone.
C   G
 I've got choices all a - round me,
Em7   B7♯9
So I won't be spending too much time at home.

Chorus 1
(B7♯9)   Em7   D C G Am
Girl, I'm gonna miss you.
             Em7   D C G Am
I'm gonna miss you, ba - by.
          Em7   D C G Am
I can't for - give you,
          Em7   D C G Am
Still I'm gonna miss you, ba - by.

© 1986 & 1994 Poopy's Music/Chocolate Malted Music/
Warner/Chappell Music Limited (83.5%)/E.C. Music Limited (16.5%).
All Rights Reserved. International Copyright Secured.

Verse 2

    Em7
No, don't say a word.

                   A
I already heard that you don't love me.

    Em7
In your state of mind,

                        A
I don't need to hear your side of the story.

Bridge 2

C   **G**
  Your friends all said we had a future

D   **A**
And I don't think I really want to know.

C   **G**
  My friends keep telling me to lose you

       Em7   **B7♯9**
And how glad they'll be when you decide to go.

Chorus 2

(B7♯9)   **Em7**   **D C G Am**
Girl, I'm gonna miss you.

           Em7   **D C G Am**
I'm gonna miss you, ba - by.

         Em7   **D C G Am**
I can't for - give you,

               Em7   **D**   **C**   **G** **Am**
Still I'm gonna miss you,   miss you, ba - by.

Guitar solo

‖: **Em7 D C** | **G Am** | **Em7 D C** | **G Am** |

| **Em7 D C** | **G Am** | **Em7 D C** | **G Am** :‖

Bridge 3

(A)   **C**   **G**
Yeah.   I broke my back to make you happy.

D   **A**
Sometime, somehow, someone's got to care.

C   **G**
If you think you're better off with - out me,

        Em7   **B7♯9**
Just re - member, it's a dirty world out there.

	(B7#9) Em7 D C G Am
Chorus 3	Hey girl, I'm gonna miss you.

              Em7   D   C   G Am
I'm gonna miss you,   ba - by.

               Em7   D C G Am
I can't for - give you,

             Em7 D   C   G Am
I'm gonna miss you,   ba - by.

Chorus 4

(Am)   Em7   D   C   G Am
Yeah, I'm gonna miss the ground you walk on,

      Em7   D   C   G Am
Gonna miss the air you breathe.

Em7   D   C   G Am
  I'm just not quite happy, baby,

        Em7 D   C   G Am
'Bout your crazy plans to leave.

Outro   ‖: Em7 D C | G Am | Em7 D C | G Am |

            | Em7 D C | G Am | Em7 D C | G Am :‖ *Repeat to fade*

Let It Grow

Words & Music by Eric Clapton

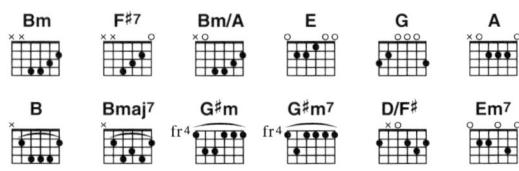

Verse 1
     Bm   F#7   Bm/A   E
Standing at the crossroads trying to read the signs,
G   A   Bm   F#7
To tell me which way I should go to find the answer.
    Bm/A   E
And all the time I know,
G   A   B
Plant your love and let it grow.

Chorus 1
    B   Bmaj7   G#m   G#m7
Let it grow, let it grow, _____
E   B   A
Let it blossom, let it flow.
    B   Bmaj7   G#m   G#m7
In the sun, the rain, the snow, _____
E   B   A   F#7
Love is lovely,   let it grow.

Verse 2
    Bm   F#7   Bm/A   E
Looking for a reason to check out on my mind,
G   A   Bm   F#7
It ain't hard to get a friend that I can count on.
     Bm/A   E
There's nothing left to show,
G   A   B
Plant your love and let it grow.

© Copyright 1974 & 1995 Eric Clapton.
All Rights Reserved. International Copyright Secured.

Chorus 2

  B Bmaj7 G♯m G♯m7
  Let it grow, let it grow, _____
  E B   A
  Let it blossom, let it flow.
  B Bmaj7   G♯m G♯m7
  In the sun, the rain, the snow, _____
  E   B A   F♯7
  Love is lovely, let it grow (let it grow).

Bridge

| G D/F♯ | Em7 Bm | A | G D/F♯ | Em7 Bm | F♯7 | F♯7 ||

| Bm F♯7 | Bm/A E | G A | Bm F♯7 | Bm/A E | G A ||

Verse 3

Bm   F♯7   Bm/A   E
Time is getting shorter and there's much for you to do.
G   A   Bm   F♯7
 Only ask 'n' you will get what you are needin',
  Bm/A   E
The rest is up to you,
G   A   B
Plant your love and let it grow.

Chorus 3

  B Bmaj7 G♯m G♯m7
  Let it grow, let it grow, _____
  E B   A
  Let it blossom, let it flow.
  B Bmaj7   G♯m G♯m7
  In the sun, the rain, the snow, _____
  E   B A
  Love is lovely, so let it...

Chorus 4

  B Bmaj7 G♯m G♯m7
  Let it grow, let it grow, _____
  E B   A
  Let it blossom, let it flow.
  B Bmaj7   G♯m G♯m7
  In the sun, the rain, the snow, _____
  E   B A   F♯7
  Love is lovely, let it grow.

Coda

||: Bm F♯7 | Bm/A E | G A :|| *Repeat 10 times to fade*

Let It Rain

Words & Music by Eric Clapton & Bonnie Bramlett

Intro ‖: A | G/A | G/A | A :‖

Verse 1
```
          D                  Am                    C      G      D
The rain is falling through the mist of sorrow that sur - rounded me.
                       Am                     C     G      D
The sun could never thaw away the the bliss that lays a - round me.
```

Chorus 1
```
            D   Am    D   Am
Let it rain,    let it rain,
            C       G       D
Let your love rain down on me.
            Am    D   Am
Let it rain,    let it rain,
       C   G   D
Let it rain, rain, rain.
```

Verse 2
```
           D              Am         C     G      D
Her life was like a desert flower burning in the sun.
                  Am              C     G      D
Until I found the way to love was harder said than done.
```

Chorus 2	**D** **Am** **D** **Am** Let it rain, let it rain, **C** **G** **D** Let your love rain down on me. **Am** **D** **Am** Let it rain, let it rain, **C** **G** **(A)** Let it rain, rain, rain.

Link 1

A	**G/A**	**G/A**	**A**	
(rain.)				
A	**G/A**	**G/A**	**A**	‖

Solo 1

F♯m	**F♯m/E♯**	**F♯m/E**	**D♯m7♭5**
Em7	**A6 A Asus4 A**		
Em7	**A6 A Asus4 A**		
Em7	**A6 A Asus4 A**		

Verse 3

  D   **Am**   **C**   **G**   **D**
Now I know the secret, there is nothing that I lack.
            Am   **C**   **G**   **D**
If I give my love to you, you'll surely give it back.

Chorus 3   As Chorus 1

Chorus 4   As Chorus 2

Link 2

A	**G/A**	**G/A**	**A**	
(rain.)				
A	**G/A**	**G/A**	**A**	‖

Outro   ‖: **A** | **G/A** | **G/A** | **A**   :‖   *Play 22 times to fade*

Lonely Stranger

Words & Music by Eric Clapton

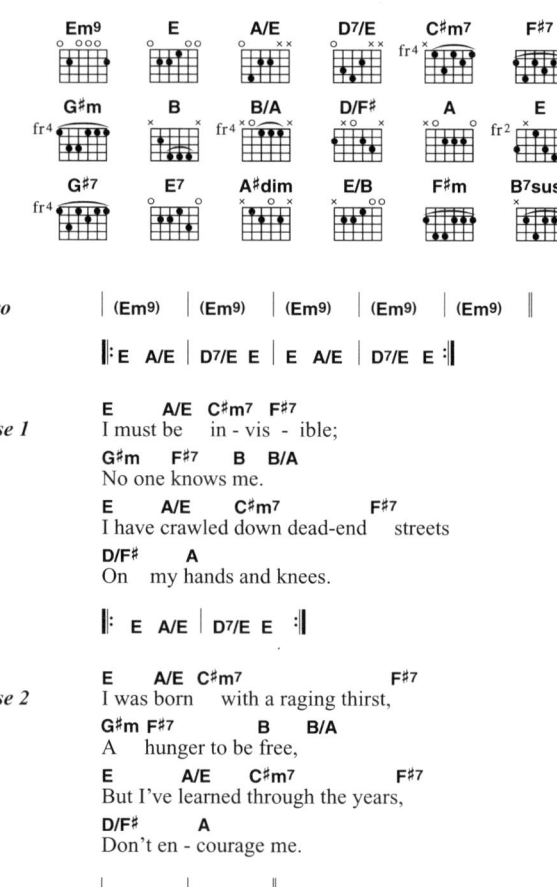

Intro | (Em9) | (Em9) | (Em9) | (Em9) | (Em9) ‖

‖: E A/E | D7/E E | E A/E | D7/E E :‖

Verse 1
E   A/E C#m7 F#7
I must be in - vis - ible;
G#m F#7   B B/A
No one knows me.
E   A/E   C#m7   F#7
I have crawled down dead-end streets
D/F#   A
On my hands and knees.

‖: E A/E | D7/E E :‖

Verse 2
E   A/E C#m7   F#7
I was born with a raging thirst,
G#m F#7   B B/A
A hunger to be free,
E   A/E C#m7   F#7
But I've learned through the years,
D/F#   A
Don't en - courage me.

| E A/E | D7/E E ‖

Chorus 1

       E **F♯7**   **B**   **A/B**   **E/G♯**
'Cause I'm— a lonely stranger— here,

A   **G♯7**   **C♯m7** **E7**
Will be on my day.

A   **A♯dim**   **E/B**   **C♯m7**
And I don't know what's going on,

F♯m7 **B7sus2**   **(E)**
I'll be on— my way.

‖: **E A/E │ D7/E E │ E A/E │ D7/E E** :‖

Verse 3

E   **A/E**   **C♯m7**   **F♯7**
When I walk, stay   be - hind,

G♯m   **F♯7**   **B**
Don't get close to me.

E   **A/E C♯m7**   **F♯7**
'Cause it's sure— to end in tears,

D/F♯ **A**
So just let me be.

│ **E A/E │ D7/E E │ E A/E │ D7/E E** ‖

Verse 4

E   **A/E C♯m7**   **F♯7**
Some will say— that I'm no good,

G♯m   **F♯7**   **B**   **B/A**
Maybe I agree.

E   **A/E**   **C♯m7**   **F♯7**
Take a look— then walk a - way,

D/F♯ **A**
That's alright with me.

│ **E A/E │ D7/E E** ‖

Chorus 2

       E **F♯7**   **B**   **A/B**   **E/G♯**
'Cause I'm— a lonely stranger— here,

A   **G♯7**   **C♯m7** **E7**
Will be on my day.

A   **A♯dim**   **E/B**   **C♯m7**
And I don't know what's going on,

F♯m7 **B7sus2**
I'll be on— my way.

‖: **E A/E │ D7/E E** :‖ *Play 6 times*
      Yes, I will...

Outro   ‖: **E A/E │ D7/E E │ E A/E │ D7/E E** :‖

│ **E A/E │ D7/E E** ‖

Lonesome And A Long Way From Home

Words & Music by Leon Russell & Bonnie Bramlett

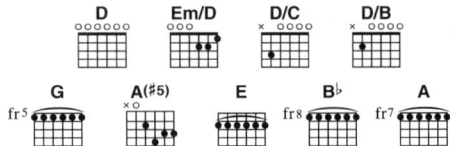

⑥ = D ③ = A
⑤ = A ② = D
④ = D ① = F#

| **Intro** | D | D Em/D D | D | | D Em/D D |
| | D | D/C D/B D | | D/C D/B ‖ |

Verse 1
    D
Out on an open highway,
                       G
Such a lovely day but something's wrong.
                 D
Something, something's gotta be wrong.

I just left home this morning,
                   G
This old road keeps rolling on and on.
            D
Rolling, rolling on and on.
A(#5)   **D**
 Won't somebody help me?

Won't somebody help me?

Won't somebody help me?

© Copyright 1969 Embassy Music Corporation/Stuck On Music, USA.
Campbell Connelly & Company Limited (75%)/Cherry Lane Music Limited (25%).
All Rights Reserved. International Copyright Secured.

cont.
     A(♯5)   **D**
I've never been so lonesome
       D/C **D/B**   **D**
And a long way from home,
                        D/C **D/B**
Never been lonesome and a long way,
       D   **D/C** **D/B**   **D**
Never been lonesome and a long way from home.

Link 1 | E | G | B♭ | A | A ||

Solo | D | D | G | G |

          | D | D | D | D |

          | G | G | D ||

Chorus 2   As Chorus 1

Link 2 ||: D | D | D | D   :||

Link 3 | D | D | D | D ||

Outro
D
Never been lonesome,

Never been lonely.   *Repeat to fade*

Mainline Florida

Words & Music by George Terry

	E	Esus4	D#/E	E*	A
	G	D	G6	F#7	Fmaj7

Intro   ‖: E Esus4 | D#/E E* | E Esus4 | D#/E E* :‖ *Play 3 times*

Verse 1
    E   Esus4   D#/E   E*
My heart was leaping   in the sun,
    E   Esus4   D#/E   E*
My friends all say that you're the one.
    E   Esus4   D#/E   E*
Let me get this one thing   very clear,
    E   Esus4   D#/E E*
There ain't enough going on   down here.

Chorus 1
  A   G D   E   Esus4 D#/E E*
Main - line   Florida, oh say.
  A   G D   G6 F#7 Fmaj7
Main - line   Florida, O. - K.

Link 1 | E Esus4 | D#/E E* | E Esus4 | D#/E E* ‖

Verse 2
    E   Esus4   D#/E   E*
Her arms were open,   open wide,
    E   Esus4   D#/E   E*
Her invi - tation's a changing   tide.
    E   Esus4   D#/E E*
I could remember not long   ago
    E   Esus4   D#/E   E*
We took a cruise down on   Hotel Row.

© Copyright 1974 Warner/Chappell Music Limited.
All Rights Reserved. International Copyright Secured.

Chorus 2	As Chorus 1
Interlude	‖: E Esus4 | D♯/E E* | E Esus4 | D♯/E E* :‖ *Play 8 times*
Verse 3	As Verse 2
Chorus 3	As Chorus 1
Outro	‖: E Esus4 | D♯/E E* | E Esus4 | D♯/E E* :‖ *Repeat to fade*

Mean Old Frisco

Words & Music by Arthur Crudup

Chords: G, G7, C7, D7

Intro		G		G		G		G7	
		C7		C7		G C7		G	
		D7		C7		G C7		G	

Verse 1
G   G7
Well that mean old dirty Frisco and that low down Santa Fe,
C7   G   C7 G
  Mean old Frisco and that low down Santa Fe.
               D7
You know they take my girl away,
C7   G   C7 G
  'Cause they go back out on me.

Verse 2
G   G7
Well my mama, she done told me, and my papa told me too.
C7   G C7 G
  Mama told me and my papa told me too.
            D7
And your woman ain't cleanin' your place,
C7   G   C7 G
  'Cause she ain't no friend for you.

Solo 1		G		G		G		G7	
		C7		C7		G C7		G	
		D7		C7		G C7		G	

© Copyright 1947 & 1963 Duchess Music Corporation, USA.
Universal/MCA Music Limited.
All rights in Germany administered by Universal/MCA Music Publ. GmbH.
All Rights Reserved. International Copyright Secured.

Verse 3
      G   **G7**
Well I'm goin' away now baby and I won't be back until fall.
C7   **G**   **C7** **G**
  Goin' away, baby. Lord, I won't be back till fall.
   D7
If I don't come back by then,
C7   **G**   **C7** **G**
  Lord, I won't be back at all.

Verse 4
G   **G7**
Well that mean old dirty Frisco and that low down Santa Fe.
C7   **G**   **C7** **G**
  Mean old Frisco and that low down Santa Fe.
   D7
Gonna take my girl away,
C7   **G**   **C7** **G**
  Lord, and blow back out on me.

Solo 2 | **G** | **G** | **G** | **G7** |

            | **C7** | **C7** | **G C7** | **G** |

            | **D7** | **C7** | **G C7** | **G** ‖

Outro | **G** | **G** | **G** | **G7** |

            | **C7** | **C7** | **G C7** | **G**   ‖ *Fade out*

Motherless Child

Words & Music by Robert Hicks
Arranged by Eric Clapton

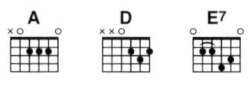

Capo second fret

Intro | A | A | A ||

Verse 1
A   D
If I mistreat you girl,
A
I sure don't mean no harm.
D
If I mistreat you girl,
A
I sure don't mean no harm.
E7
Well, I'm a motherless child;
A
I don't know right from wrong.

Verse 2
A   D
Please tell me pretty mama,
A
Honey where d'you stay last night?
D
Please tell me pretty mama,
A
Honey where d'you stay last night?
E7
Well, you didn't come home
A
Till the sun was shining bright.

© Copyright 1994 E.C. Music Limited.
All Rights Reserved. International Copyright Secured.

Verse 3
    A   **D**
I had to go so far girl
               A
To get my ham bones boiled.
A   **D**
Now, I've gone so far,
             A
To get my ham bones boiled.
  E7
Well, he's had a lotta women,
           A
Gonna let my ham bones burn.

Verse 4
A   **D**
Well, I did more for you, girl,
           A
Than your daddy ever done.
              D
Well, I did more for you, girl,
           A
Than your daddy ever done.
E7
Well, I give you my jelly,
         A
He ain't give you none.

Verse 5
A   **D**
And when you see two women,
          A
Always running hand in hand.
            D
When you see two wo - men,
          A
Always running hand in hand.
  E7
You can bet your bottom dollar,
         A
One got the other one's man.

Verse 6
A   **D**
Lord, I'm going to the ri - ver,
          A
Get me a tangled rocking chair.
        D
I'm going to the ri - ver,
         A
Get me a tangled rocking chair.
  E7
And if the blues overtake me,
       A
Gonna rock away from here.

Motherless Children

Traditional
Arranged by Eric Clapton & Carl Radle

Chords: A, D(add9)/A, D, E, F

Intro	‖: A	A	A	A :‖ *Play 3 times*
	A	A	A	A D(add9)/A D(add9)/A ‖
	‖: A	D	A	A D(add9)/A :‖
	A	E	D	F	
	A	D	A	A D(add9)/A D(add9)/A ‖

Verse 1
    A   D   A   D
Motherless children have a hard time when your mother is dead, Lord.
A   **D**   **A**   **D**
Motherless children have a hard time when your mother is dead, Lord.
A   **E**
They don't have any - where to go,
D   **F**
Wandering around from door to door.
A   **D**   **A**   **D**
Nobody treats you like a mother will when your mother is dead, Lord.

Verse 2
A   **D**   **A**   **D**
Father will do the best he can when your mother is dead, Lord.
A   **D**   **A**   **D**
Father will do the best he can when your mother is dead, Lord.
A   **E**
Father will do the best he can,
D   **F**
So many things a father can't understand.
A   **D**   **A**   **D**
Nobody treats you like a mother will when your mother is dead, Lord.

© Copyright 1974 & 1995 Eric Clapton (50%)/
Warner/Chappell Music Limited (50%).
All Rights Reserved. International Copyright Secured.

Solo 1 ‖: **A** | **D** | **A** | **A D(add9)/A** :‖

| **A** | **E** | **D** | **F** |

| **A** | **D** | **A** | **A D(add9)/A** | **D(add9)/A** ‖

Verse 3
A   **D**   **A**   **D**
Sister will do the best she can when your mother is dead, Lord.
A   **D**   **A**   **D**
Sister will do the best she can when your mother is dead, Lord.
A   **E**
Sister will do the best she can,
D   **F**
So many things a sister can't understand.
A   **D**   **A**   **D**
Nobody treats you like a mother will when your mother is dead.

Bridge   **A**   **D**
‖: When your mother is dead. :‖ *Play 10 times*

Outro ‖: **A** | **D** | **A** | **A D(add9)/A** :‖

| **A** | **E** | **D** | **F** |

| **A** | **D** | **A** | **A D(add9)/A** | **D(add9)/A** |

| **A** ‖

My Father's Eyes

Words & Music by Eric Clapton

Chords: C#m, A, F#m, B, E, D, F#, C#/E#, G#m, D/F#, A/E, G#

Intro

‖: C#m A | F#m B | E A | F#m B :‖

| C#m A | F#m B | E A | F#m B |

| C#m A | F#m B | E A | D | D A E F# ‖

Verse 1

    B   E   F#   B
Sailing down be - hind the sun,
C#/E#   E   F#   B
Waiting for my prince to come.
        E   F#   G#m
Praying for the healing rain
C#/E#   D/F#   A/E   E
To re - store my soul a - gain.

Bridge 1

   C#m   A   F#m   B
Just a toerag on the run.
E   A   F#m   B
How did I get here? What have I done?
  C#m   A   F#m   B
When will all my hopes a - rise?
E   A   F#m   B   C#m
How will I know him when I look in my father's eyes?

Chorus 1

(C#m)   A   F#m   B
(Look in - to my father's eyes).
            E   A
My father's eyes.
F#m   B   C#m
When I look in my father's eyes.

© Copyright 1998 & 2004 E.C. Music Limited.
All Rights Reserved. International Copyright Secured.

cont.	**A** **F♯m** **B** (Look in - to my father's eyes). **E** **A D A E F♯** My father's eyes.

Verse 2

  B   **E**   **F♯**   **B**
    Then the light be - gins to shine
C♯/E♯   **E**   **F♯**   **B**
  And I hear those ancient   lulla - bies.
     E   **F♯**   **G♯m**
And as I watch this seedling grow,
C♯/E♯   **D/F♯**   **A/E**   **E**
  Feel my heart start to   over - flow.

Bridge 2

  C♯m   **A**   **F♯m**   **B**
    Where do I find the   words to say?
E   **A**   **F♯m**   **B**
  How do I teach him?   What do we play?
C♯m **A** **F♯m**   **B**
Bit by bit,   I've rea - lized
E   **A**   **F♯m**   **B**   **C♯m**
    That's when I need them,   that's when I need my fa - ther's eyes.

Chorus 2

  (C♯m)   **A**   **F♯m** **B**
(Look in - to my father's eyes).
     E   **A**
My father's eyes.
F♯m   **B**   **C♯m**
That's when I need my father's eyes.
      A   **F♯m** **B**
(Look in - to my father's eyes).
     E   **A F♯** **G♯**
My father's eyes.

Interlude

E A	A	B E	E	
E A	A	B E	E	E G♯m B ‖

Guitar solo

C♯m A	F♯m B	E A	F♯m B
C♯m A	F♯m B	E A	F♯m A E ‖

	B E F♯ B

Verse 3
```
      B               E      F♯         B
         Then the jagged edge ap - pears
      C♯m/E♯         E       F♯           B
         Through the distant    clouds of tears.
                  E              F♯               G♯m
      I'm like a bridge that was    washed away;
      C♯/E♯        D/F♯          A/E      E
         My foun - dations were made of clay.
```

Bridge 3
```
      C♯m     A    F♯m               B
         As my soul    slides down to die.
      E              A              F♯m            B
         How could I lose him?      What did I try?
      C♯m   A    F♯m              B
         Bit by bit,    I've rea - lized
      E                        A           F♯m        B           C♯m
         That he was here with me; I looked in - to my fa - ther's eyes.
```

Chorus 3
```
      (C♯m)      A      F♯m     B
      (Look in - to my father's eyes).
                    E      A
      My father's eyes.
      F♯m            B         C♯m
         I looked in - to my fa - ther's eyes.
                 A       F♯m     B
      (Look in - to my father's eyes).
                    E     A  F♯m  B
      My father's eyes.
```

Chorus 4
```
      B            C♯m
      My father's eyes.
                 A       F♯m     B
      (Look in - to my father's eyes).
                    E     A
      My father's eyes.
      F♯m            B         C♯m
         I looked in - to my fa - ther's eyes.
                 A       F♯m     B
      (Look in - to my father's eyes).
                    E     A  F♯m  B
      My father's eyes.
```

Outro
```
      C♯m       A     F♯m     B      E   A   F♯m   B
      (Look in - to my father's eyes).
      C♯m       A     F♯m     B      E   A   F♯m   B
      (Look in - to my father's eyes).                 Fade out
```

Pretending

Words & Music by Jerry Lynn Williams

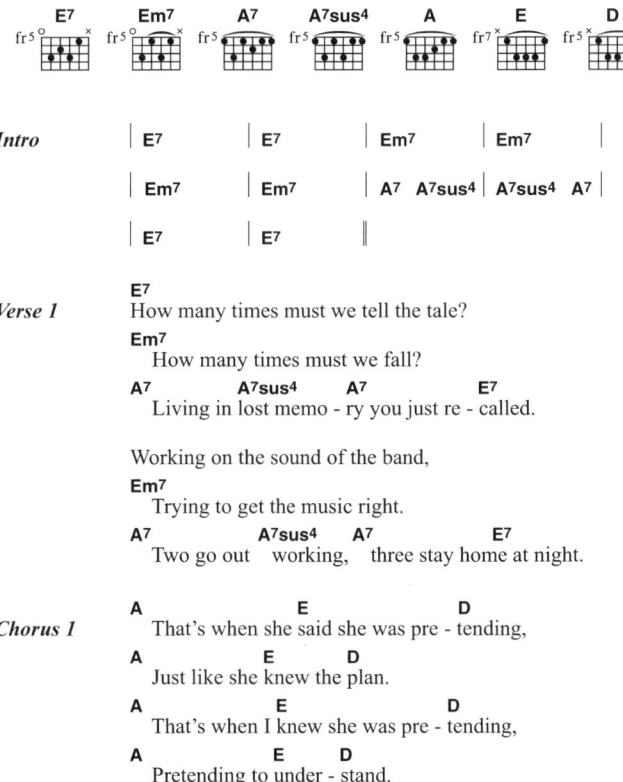

Intro
E7	E7	Em7	Em7
Em7	Em7	A7 A7sus4	A7sus4 A7
E7	E7	

Verse 1
   E7
How many times must we tell the tale?
   Em7
   How many times must we fall?
A7   A7sus4   A7   E7
Living in lost memo - ry you just re - called.

Working on the sound of the band,
   Em7
   Trying to get the music right.
A7   A7sus4   A7   E7
Two go out   working,   three stay home at night.

Chorus 1
   A   E   D
That's when she said she was pre - tending,
   A   E   D
Just like she knew the plan.
   A   E   D
That's when I knew she was pre - tending,
   A   E   D
Pretending to under - stand.

© Copyright 1985 Universal Music Publishing Limited (62.5%)
(administered in Germany by Universal Music Publ. GmbH)/
Universal Music Publishing MGB Limited (25%) (administered in Germany by Musik Edition Discoton GmbH,
a division of Universal Music Publishing Group)/Stage Three Music Limited (12.5%).
All Rights Reserved. International Copyright Secured.

Bridge 1

   E7   Em7
Pre - tending, pre - tending.
   A7 A7sus4 E7
Pre - tending,   pre - tending.

Verse 2

E7
Satisfied but lost in love,
Em7
 Situations change.
A7   A7sus4 A7
 And you're never who you used to think you are,
 E7
How strange.

Chorus 2

A   E   D
 That's when she said she was pre - tending,
A   E   D
 Like she knew the plan.
A   E   D
 That's when I knew she was pre - tending,
A   E   D
 Pretending to under - stand.

Bridge 2

   E7   Em7
Pre - tending, pre - tending.
   A7 A7sus4 E7
Pre - tending,   pre - tending.

Guitar solo

| E7 | E7 | Em7 | Em7 |
| A7 A7sus4 | A7 A7sus4 | E7 | E7 ‖

Verse 3

E7
I get lost in alibis,
Em7   A7 A7sus4
 Sadness can't prevail.
   A7   E7
Everybody knows strong love can't fail.

	E7 A E D
Chorus 3	Don't be pre - tending
	A E D
	About how you feel.
	A E D
	Don't be pre - tending
	A E D
	Your love is real.
	A E D
	Don't be pre - tending
	A E D
	About how you feel.
	A E D
	Don't be pre - tending
	A E D
	That your love is real.

	E7 Em7
Bridge 3	Pre - tending, pre - tending.
	A7 A7sus4 E7
	Pre - tending, pre - tending.

Outro

E7	E7	Em7	Em7	
A7 A7sus4	A7 A7sus4	E7	E7	‖ *Fade out*

Nobody Knows You When You're Down And Out

Words & Music by Jimmie Cox

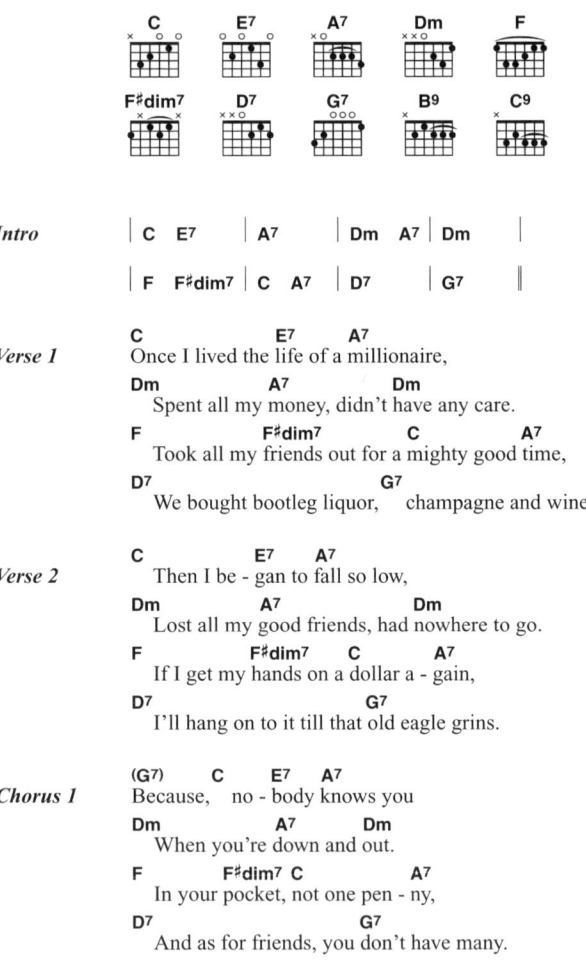

Intro | C E7 | A7 | Dm A7 | Dm |
  | F F#dim7 | C A7 | D7 | G7 ||

Verse 1
```
        C              E7     A7
   Once I lived the life of a millionaire,
   Dm            A7          Dm
     Spent all my money, didn't have any care.
   F           F#dim7      C            A7
     Took all my friends out for a mighty good time,
   D7                        G7
     We bought bootleg liquor,    champagne and wine.
```

Verse 2
```
         C           E7    A7
     Then I be - gan to fall so low,
   Dm           A7            Dm
     Lost all my good friends, had nowhere to go.
   F          F#dim7     C           A7
     If I get my hands on a dollar a - gain,
   D7                       G7
     I'll hang on to it till that old eagle grins.
```

Chorus 1
```
     (G7)    C    E7   A7
   Because,  no - body knows you
   Dm             A7         Dm
     When you're down and out.
   F       F#dim7 C            A7
     In your pocket, not one pen - ny,
   D7                       G7
     And as for friends, you don't have many.
```

© Copyright 1929 Clarence Williams Music Publishing Company Incorporated, USA.
B. Feldman & Company Limited.
All Rights Reserved. International Copyright Secured.

Verse 3

    C   **E7**   **A7**
When you get back on your feet again,
Dm   **A7**   **Dm**
Everybody wants to be your long lost friend.
F   **F♯dim7**   **C**   **A7**
I said it's strange, with - out any doubt,
D7   **G7**
Nobody knows you when you're down and out.

Guitar solo

| C E7 | A7 | Dm A7 | Dm |
| F F♯dim7 | C A7 | D7 | G7 ‖

Piano solo

| C E7 | A7 | Dm A7 | Dm |
| F F♯dim7 | C A7 | D7 | G7 ‖

Chorus 2

(G7) **C**   **E7**   **A7**
Lord,   no - body knows you
Dm   **A7**   **Dm**
When you're down and out.
F   **F♯dim7** **C**   **A7**
In your pocket, not one pen - ny,
D7   **G7**
And as for friends, you don't have any.

Verse 4

C   **E7**   **A7**
When you get back up on your   feet again,
Dm   **A7**   **Dm**
Everybody wants to be your long lost friend.
F   **F♯dim7**   **C**   **A7**
I said it's strange, with - out any doubt,
D7
Nobody knows you, (nobody knows you).
F
Nobody knows you, (nobody knows you).
D7   **G7**   **N.C.**   **B9** **C9**
Nobody knows you   when you're down and out.

Old Love

Words & Music by Eric Clapton & Robert Cray

Am7 Dm7/A Dm7/G G F

Gsus4 E7 Am Am(maj7) Am6

Intro ‖: Am7 Dm7/A | Dm7/G G | Am7 Dm7/A | Dm7/G G :‖

Verse 1

Am7   Dm7/A   Dm7/G G
I can feel your body,

Am7 F   Gsus4 G
When I'm lyin' in my bed.

Am7   Dm7/A Dm7/G G
Too much confusion,

Am7 F   Gsus4   G
Goin' round through my head.

F   E7
And it's makin' me so angry,

                Am   Am(maj7) Am7 Am6
To know that the flame still burns.

F
Why can't I get over

E7   F   E7   N.C.
And when will I ever learn?

Chorus 1

    Am7 Dm7 Dm7/G G
Old love,

          Am7 Dm7 Dm7/G G
Leave me alone.

Am7 Dm7 Dm7/G G
Old love,

Am7   Dm7 Dm7/G G
Go on home.

© Copyright 1989 & 1997 E.C. Music Limited (50%)/
Robert Cray Music/Bug Music Limited (50%).
All Rights Reserved. International Copyright Secured.

Verse 2

     Am7   **Dm7/A**   **Dm7/G** **G**
        I can see your face,

     Am7 **F**   **Gsus4** **G**
         But I know it's not real.

     Am7 **Dm7/A**   **Dm7/G** **G**
        Just an illusion,

     Am7 **F**   **Gsus4** **G**
        Caused by how I used to feel. ___

F   **E7**
Makes me so angry,

               Am   **Am(maj7)** **Am7** **Am6**
To know that the flame will always burn.

F   **E7**
Never get over,

                      F   **E7** **N.C.**
Know now that I'll never learn, never learn.

Chorus 2   As Chorus 1

Solo   ‖: **Am7 Dm7/A** | **Dm7/G G** | **Am7 F** | **Gsus4 G** :‖ *Play 4 times*

         | **F** | **E7** | **Am Am(maj7)** | **Am7 Am6** |

         | **F** | **E7** | **F** | **E7 N.C.** ‖

Chorus 3   As Chorus 1

Coda   ‖: **Am7 Dm7/A** | **Dm7/G G** | **Am7 F** | **Gsus4 G** :‖ *Play 10 times*
                                                                                       to fade

Presence Of The Lord

Words & Music by Eric Clapton

Intro | C F Em Dm | C F Em Dm | C F Em Dm | C F Em Dm ||

Verse 1
C G   Am
I have finally found a way to live,
F   C F Em Dm
Just like I never could be - fore.
C G   Am   D
I know that I don't have   much to give
                G   N.C. Em G
But I can open any door.

Chorus 1
Am   F   N.C. Em G
Everybody knows the secret,
Am   D7   G
Oh, everybody knows the score, yeah, yeah, yeah, yeah.
C   G   Am
I have finally found a way to live
F   G   (C)
In the colour of the Lord.

Link 1 | C F Em Dm | C F Em Dm ||
(Lord.)

Verse 2
C   G   Am
I have finally found a place to live
F   C F Em Dm
Just like I never could before.
C   G   Am   D
And I know I don't have   much to give
                 G   N.C. Em G
But soon I'll open any door.

© Copyright 1969 & 1994 Eric Clapton.
All Rights Reserved. International Copyright Secured.

	Am F N.C. Em G
Chorus 2	Everybody knows the secret,
	Am D7 G
	Oh, everybody knows the score, ____
	C G Am
	I have finally found a place to live
	F G C F Em Dm C
	In the presence of the Lord,
	F Em Dm Asus2
	In the presence of the Lord.

Link 2
(Double time)

| N.C. | N.C. | N.C. | N.C.   ‖

Instrumental

‖: Am | Am | Am | Am   :‖

| D7 | D7 | D7 | D7 |

| E | E | E | E |

| G5 | C | B♭ | G   ‖

Link 3
(Half time)

| C F Em Dm | C F Em Dm ‖

Verse 3

C   G   Am
I have finally found a way to live,
                  C F Em Dm
Just like I never could before.
C   G   Am   D
And I know I don't have much to give
              G   N.C. Em G
But I can open any door.

Chorus 3

Am   F   N.C. Em G
Everybody knows the secret,
Am   D7   G
I said, 'cause everybody knows the score. ____
C   G   Am
I have finally found a way to live
F   G   C   F Em Dm C
In the colour of the Lord,
F   Em   Dm   C   F Em Dm C
In the colour of the Lord.

Promises

Words & Music by Richard Feldman & Roger Linn

Intro | G | G | G | G ||

Verse 1
G
I don't care if you never come home,
C
I don't mind if you just
G
Keep on rolling away on a distant sea,
D   D/F♯ G
'Cause I don't love you and you don't love me.

Verse 2
G
You cause a commotion when you come to town,
C
You give them a smile and they melt.
G
Having lovers as friends is all good and fine,
D   D/F♯ G
But I don't like yours and you don't like mine.

Bridge 1
C   Bm   D
La-la, la la la la la.
C   Bm   D
La-la, la la la la la.
D/F♯ G
La la   la.

Verse 3
G
I don't care what you do at night,
C
Oh, I don't care how you get your delights.
G
I'm gonna leave you alone, I'll just let it be,
D   D/F♯ G
I don't love you and you don't love me.

© Copyright 1978 Narwhal Music, USA.
EMI Virgin Music Limited.
All Rights Reserved. International Copyright Secured.

Bridge 2

C	G/B

I got a problem, can you relate?

Am7   **G**
I got a woman, call it love-hate.

C   **G/B**
We made a vow we'd always be friends,

Am7   **G**
How could we know that promises end?

Bridge 3

     C   **Bm**   **D**
La-la, la la la la la.

     C   **Bm**   **D**
La-la, la la la la la.

     D/F♯   **G**
La la   la.

Verse 4

G
I tried to love you for years upon years,

                 C
You refused to take me for real.

     G
It's time you saw what I want you to see,

           D   **D/F♯**   **G**
And I still love you but it's just not   me.

Bridge 4

C   **G/B**
I got a problem, can you relate?

Am7   **G**
I got a woman, call it love-hate.

C   **G/B**
We made a vow we'd always be friends,

Am7   **G**
How could we know that promises end?

Coda

‖:   **C**   **Bm**   **D**
La-la, la la la la la.

     C   **Bm**   **D**
La-la, la la la la la.   :‖   *Repeat to fade*

Pretty Girl

Words & Music by Eric Clapton

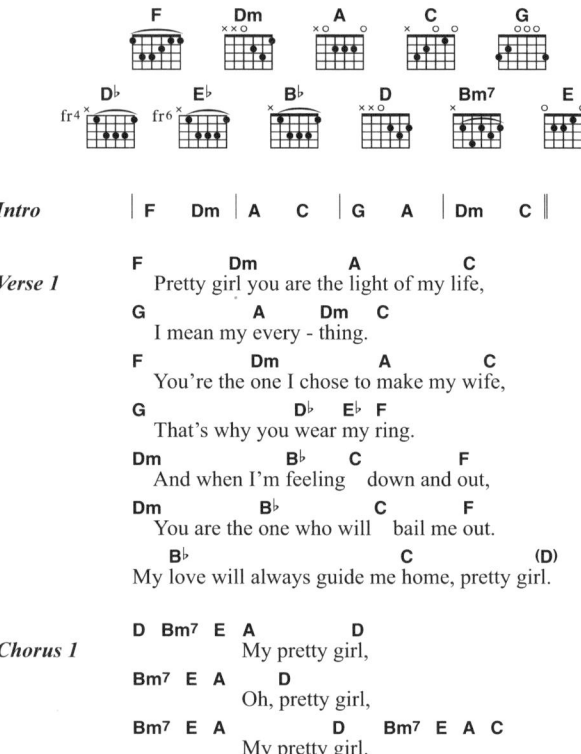

Intro | F Dm | A C | G A | Dm C ‖

Verse 1
F   Dm   A   C
Pretty girl you are the light of my life,
G   A   Dm   C
I mean my every - thing.
F   Dm   A   C
You're the one I chose to make my wife,
G   D♭ E♭ F
That's why you wear my ring.
Dm   B♭   C   F
And when I'm feeling down and out,
Dm   B♭   C   F
You are the one who will bail me out.
      B♭   C   (D)
My love will always guide me home, pretty girl.

Chorus 1
D Bm7 E A   D
         My pretty girl,
Bm7 E A   D
    Oh, pretty girl,
Bm7 E A   D   Bm7 E A C
    My pretty girl.

© Copyright 1982 & 1993 E.C. Music Limited.
All Rights Reserved. International Copyright Secured.

Verse 2

  F   Dm   A   C
Pretty girl don't ever say good - bye,
  G   A   Dm   C
Don't ever let me be.
  F   Dm   A   C
If you do you know that I would die,
  G   D♭   E♭ F
You mean that much to me.
Dm   B♭   C   F
And when I'm feeling low and blue,
Dm   B♭   C   F
You always know just what to do.
  B♭   C   (D)
My love will always guide me home, my pretty girl.

Chorus 2

D Bm7 E A   D
          Oh, pretty girl,
Bm7 E A   D
         My pretty girl.
Bm7 E A   D   Bm7 E A C
          Oh, pretty girl.

Solo 1

| F   Dm | A   C | G   A | Dm   C |

| F   Dm | A   C | G D♭ E♭| F ||

Verse 3

Dm   B♭   C   F
And when I'm feeling down and out,
Dm   B♭   C   F
You are the one who will bail me out.
  B♭   C   (D)
My love will always guide me home, my pretty girl.

Solo 2

| D   Bm7 | E   A | D   Bm7 | E   A |

| D   Bm7 | E   A | D   Bm7 | E A C ||

Verse 2

    F   **Dm**   **A**   **C**
Pretty girl, hear what I have to say,
G   **A**   **Dm** **C**
  It's something you should know,
F   **Dm**   **A**   **C**
  You brought me sunshine on my   darkest day,
G   **D♭** **E♭** **F**
  That's why I love you so.
Dm   **B♭**   **C**   **F**
  And when my wandering   day is through,
Dm   **B♭** **C**   **F**
  I'll always hurry   back home   to you.
    B♭   **C**   **(D)**
My love will always guide me home, my pretty girl.

Chorus 3

D **Bm7** **E** **A** **D**
                 Oh, pretty girl,
Bm7 **E** **A**   **D**
           My pretty girl.   *Repeat to fade*

River Of Tears

Words & Music by Eric Clapton & Simon Climie

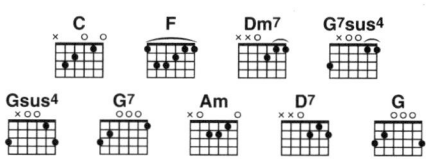

Intro

|: C | C | F | F |
| Dm7 | Dm7 | G7sus4 | G7sus4 :| *Play 3 times*
| Am | Am | D7 | D7 |
| Gsus4 | G | F | F | F | F ||

Verse 1

C
It's three miles to the river
F
That would carry me away,
  Dm7
And two miles to the dusty street
G7sus4   G7
That I saw you on today.
C
It's four miles to my lonely room
F
Where I will hide my face,
Dm7
And about half a mile to the downtown bar
G7sus4   G7
That I ran from in disgrace.

© Copyright 1998 & 2004 E.C. Music Limited (66.66%)/Universal Music Publishing MGB Limited (33.34%)
(administered in Germany by Musik Edition Discoton GmbH, a division of Universal Music Publishing Group).
All Rights Reserved. International Copyright Secured.

Chorus 1

    Am
    Lord, how long have I got to keep on running,
D7
   Seven hours, seven days or seven years?
G
   All I know is, since you've been gone
 F
I feel like I'm drowning in a river,
            C
Drowning in a river of tears.
         F
Drowning in a river.
   Dm7
Feel like I'm drowning,
          G7sus4 G7
Drowning in a river.

Link

| C | C | F | F |
| Dm7 | Dm7 | G7sus4 | G7sus4 |

Verse 2

C
  In three more days, I'll leave this town
F
  And disappear without a trace.
Dm7
  A year from now, maybe settle down
G7sus4 G7
  Where no one knows my face.
C
  I wish that I could hold you
F
  One more time to ease the pain,
Dm
  But my times run out and I got to go,
G7sus4 G7
  Got to run away again.

Chorus 2

    Am
    Still I catch myself thinking,
D7
  One day I'll find my way back here.
G
  You'll save me from drowning,
F
Drowning in a river,
                 C
Drowning in a river of tears.
           F
Drowning in a river.
               Dm7
Feels like I'm drowning,
                    G7sus4
Drowning in the river.
G7   **(C)**
  Lord, how long must this go on?

Instr | C | C | F | F |

            | Dm7 | Dm7 | G7sus4 | G7sus4 |

            | Am | Am | D7 | D7 |

            | G | G   ‖

Outro
    F
    Drowning in a river,
                     C
    Drowning in a river of tears.

Ride The River

Words & Music by J.J. Cale

	C	F	G	Am

Intro

C	C	C	C
F	F	C	C
G	Am G	C	C

Verse 1

C
Floatin' down that old river boy,

All my worries far behind.
    F
Floatin' down that old river boy,
                          C
Leave old memories way be - hind.
  G
Yes the days slowly fade,
        Am   G   C
All my life, I've been waitin' for this time.

Verse 2

C
Floatin' down that old river boy,

Leaves me feelin' good inside.
    F
Floatin' down that old river boy,
                 C
Tryin' to get to the other side.
  G
Yes the days slowly fade,
      Am   G   C
I've been waitin' now and for - ever for this ride.

© Copyright 2006 E.C. Music Limited.
All Rights Reserved. International Copyright Secured.

Chorus 1
    C
Ride the river in this boat, ride the river.

Ride the river in this boat, ride the river.
F
Ride the river in this boat, ride the river.
C   G Am G C
Ride the river in this boat, ride the river.

Solo

: C	C	C	C
F	F	C	C
G	Am G	C	C :

Verse 3
C
Floatin' down that old river boy,

All my worries far behind.
   F
Floatin' down that old river boy,
                       C
Leave old memories way be - hind.
  G
Yester - day slowly fades,
        Am   G   C
I've been waitin' now and for - ever for this ride.

Chorus 2
C
Ride the river in this boat, ride the river.

Ride the river in this boat, ride the river.
F
Ride the river in this boat, ride the river.
C   G Am G C
Ride the river in this boat, ride the river.

Chorus 3
C
Ride the river in this boat, ride the river.

Ride the river in this boat, ride the river.
F
Ride the river in this boat, ride the river.
C   G Am G C
Ride the river in this boat, ride the river.   *Fade out*

Riding With The King

Words & Music by John Hiatt

| A5 | A6 | A7 | B | E7 | G | D |

Intro | A5 A6 A7 A6| A7 A6 A7 | A5 A6 A7 A6| A7 A6 A7 |

| B | B | B ||

Verse 1
B
I dreamed I had a good job and I got well paid.
                      E7
I blew it all at the penny ar - cade.
B
  A hundred dollars on a Kewpie doll.
                         E7   B
No pretty chick is gonna make me crawl.
        G   E7
Get on a T.W.A to the promised land.

Every woman, child and man
    G   A5 A6 A7 A6
Gets a Cadillac and a great big diamond ring.
A7   A6   A7 A5   B   E7 A5
Don't you know you're rid - ing with the king?

Verse 2
(A5)   B
He's on a mission of mercy to the new frontier,
                       E7
He's gonna check us all on out of here.
B
  Up to that mansion on a hill
                        E7   B
Where you can get your prescription filled.
        G   E7
Get on a T.W.A. to the promised land.

Everybody clap your hands.

© Copyright 1983 Careers-BMG Music Publishing Incorporated, USA.
Universal Music Publishing MGB Limited.
All rights in Germany administered by Musik Edition Discoton GmbH
(a division of Universal Music Publishing Group).
All Rights Reserved. International Copyright Secured.

cont.	**G** **A5** **A6 A7 A6**

cont.

    G   **A5**   **A6 A7 A6**
     And don't you just love the way that he sings?
A7   **A6**   **A7** **A5**   **B**
Don't you know we're rid - ing with the king?
                E7
Riding with the king.
A5   **B**   **E7 A5**
Don't you know we're riding with the king?

Bridge 1

D   **B**
   A tuxedo and shiny Three - Thirty - Five.
D   **B**
  You can see it in his face, the blues never lie.
G   **A5**   **A6 A7 A6**
  Tonight everybody's getting their angel wings.
   A7   **A6**   **A7** **A5**   **B**
And don't you know we're rid - ing with the king?

Verse 3

B   **E7**
I stepped out of Mississippi when I was ten years old,
                         A5   **B**
With a suit cut sharp as a razor   and a heart made of gold.

I had a guitar hanging just about waist high,
E7   **A5**   **(B)**
   And I'm gonna play this thing   until the day I die.

Outro

(A5)   **B**   **E7**
Don't you know we're riding with the king?
A5   **B**   **E7**
Don't you know we're riding with the king?
A5   **B**   **E7**
Don't you know we're riding with the king?
A5   **B**   **E7**
Riding, you're riding with the king.
         A5   **B**
You're riding, you're riding with the king.
              E7
Riding with the king.
A5   **B**   **E7**
Don't you know we're riding with the king?
              E7
Riding with the king.
A5   **B**   **E7**
Don't you know we're riding with the king?
              E7
Riding with the king. *Fade out*

Rollin' & Tumblin'

Words & Music by McKinley Morganfield

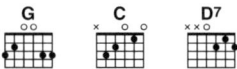

Intro
fade in

| G | G | G | G |

G   D7   C
Well, I woke up this morning,   I best get rolling on.

Link 1

| G | G | G |

Verse 1

G   C   G
Well now, come here baby, sit down on daddy's knee.
                  C   G
Well now, come here baby, sit down on daddy's knee.
              D7   C   G
I want to tell you about the   way they treated me.

Link 2

| G | G |

Solo 1

| C | C | G | G |

| C | C | G | G |

| D7 | C | G | G | G |

Verse 2

```
      G    C                                    G
      Well, I rolled and I tumbled, cried the whole night long.
           C                                    G
      Well, I rolled and I tumbled, cried the whole night long.
           D7                         C          G
      When I woke up this morning,  all I had was gone.
```

Link 3 | G | G | G | G ||

Verse 3

```
      G    C    G
      Well now, mmm, ah.___
           C         G
      Well now, mmm, mmm.___
           D7  C
      Well now, ah,  oh.___
```

Link 4 | G | G | G | G ||

Outro ||: G | G | G | G :|| *Play 11 times to end*

Running On Faith

Words & Music by Jerry Lynn Williams

Chord diagrams: G, D/F#, Em7, G7, C, D, B7, Em, Em/D, C/B, A7, F

Intro

| G | D/F# | Em7 | Em7 |

| G | D/F# | Em7 | G7 |

| C | C | D | D |

| G | C | D | D ||

Verse 1

    G   D/F#   Em7
Lately I've been running on faith,
    G   D/F#   Em7 G7
What else can a poor boy do?
        C
But my world will be right
    D   G   C D
When love comes over you.

Verse 2

    G   D/F#   Em7
Lately I've been talking in my sleep,
    G   D/F#   Em7 G7
I can't imagine what I'd have to say.
        C
Except my world will be right
    D   G C G G7
When love comes back your way.

Bridge 1

    C   B7
I've always been
Em Em/D   C C/B A7
One to take each and every day.

© Copyright 1985 Universal Music Publishing Limited (62.5%).
(administered in Germany by Universal Music Publ. GmbH.)/Universal Music Publishing MGB Limited (25%)
(administered in Germany by Musik Edition Discoton GmbH, a division of Universal Music Publishing Group)/
Stage Three Music Limited (12.5%).
All Rights Reserved. International Copyright Secured.

cont. Seems like by now
                                      C   **D**
         I'd find a love who cares just for me.

Verse 3
         G   **D/F♯**   **Em7**
          Then we'd go running on faith,
         G   **D/F♯**   **Em7** **G7**
          All of our dreams will come true.
              C
         And our world will be right
         D   **G**   **C D**
          When love comes over me and you.

Solo
G	D/F♯	Em7	Em7
G	D/F♯	Em7	G7
C	C	D	D
G	C	D	D

Bridge 2   As Bridge 1

Verse 4
         G   **D/F♯**   **Em7**
          Then we'd go running on faith,
         G   **D/F♯**   **Em7** **G7**
          All of our dreams would come true.
              C
         And our world would be right
         D   **F**
          When love comes over me and you.
             C
         Yes it would.
         F   **G**   **F**   **C**
          When love comes over you,
         G   **F**   **C**
         Said when love comes over you.

Outro
         G   **F**   **C**
         Love comes over you,
         G   **F**   **C**
          All of our dreams will come true.   *Repeat 6 times ad lib.*

San Francisco Bay Blues

Words & Music by Jesse Fuller

Intro

C	F	C	C7
F	F	C	C
F	F	C	A7
D7	D7	G7	G7

Verse 1

      (G7)   C
I got the blues from my baby,
        F   C   C7
Left me by the San Francisco Bay,
  F   C   C7
The ocean liner's gone so far a - way.
F
Didn't mean to treat her so bad,
             C   A7
She was the best girl I ever have had,
  D7
She said goodbye, I can take a cry,
G7
  I want to lay down and die.

Verse 2

      C
I ain't got a nickel
      F   C   C7
And I ain't got a lousy dime.
  F
She don't come back,
               E7
Think I'm gonna lose my mind.
  F
If she ever gets back to stay,
       C   A7
It's gonna be another brand new day,
D7   G7   C   G7
Walking with my baby down by the San Francisco Bay.

Solo

C	F	C	C7
D7	D7	G7	G7
F	F	C	C
F	F	C	A7
D7	D7	G7	G7
C	F	C	C7
F	F	E7	E7
F	F	C	A7
D7	G7	C	G7

Verse 3

      C   **F**   **C**
Sitting down looking from my back door,
          F   **C**   **C7**
Wondering which way to go.
F
   The woman I'm so crazy about,
               C
She don't love me no more.
F   **C**
Think I'll catch me a freight train,
C   **A7**
   'Cause I'm feeling blue,
    D7
And ride all the way to the end of the line,
G7
   Thinking only of you.

Verse 4

      C   **F**   **C**
Meanwhile, in another city,
         F   **C**   **C7**
Just about to go in - sane,
F
   Thought I heard my baby, Lord,
   E7
The way she used to call my name.
   F
If I ever get her back to stay,
          C   **A7**
It's gonna be another brand new day,
D7   **G7**   **C** **A7**
Walking with my baby down by the San Francisco Bay,
D7   **G7**   **C** **A7**
Walking with my baby down by the San Francisco Bay,
D7   **G7**   **C** **F C G C**
Walking with my baby down by the San Francisco Bay.

The Shape You're In

Words & Music by Eric Clapton

E5 A5 E A C B G D

Intro   ‖: E5 A5 | E5 | E5 A5 | E5   :‖

    ‖: E A | E | E A | E   :‖

Verse 1
     E   A   E   A E
I took my baby to see a show,
                A   E   A E
She was telling me she didn't want to go.
            A   E   A E
I said, 'Come on girl, what's the matter with you?'
           A   E   A E
But I could tell by the smell that she'd had a few.

Chorus 1
  E   C
Oh hold on girl, don't get too tight,
A   B
  You started early and we've got all night.
          E   C
You've got to take it easy, take it slow,
A   B
  We don't want the whole world to know
     E   G A
About the shape you're in.
      B
Hey babe, the shape you're in,
     E   G A
About the shape you're in.
     D   B
Hey girl, the shape you're in.

© Copyright 1983 & 1994 E.C. Music Limited.
All Rights Reserved. International Copyright Secured.

| *Link 1* | | E A | E | E A | E ||

	E A E A E
Verse 2	My little girl really loves that wine,
	A E A E
	Wine will do it to her most everytime.
	A E A E
	If it's red or it's white or it's in-between,
	A E A E
	She can drink more wine than I've ever seen.

	E C
Chorus 2	I said hold on girl, don't get too tight,
	A B
	You started early and we've got all night.
	E C
	You've got to take it easy, take it slow,
	A B
	We don't want the whole world to know
	E G A
	About the shape you're in.
	B
	Hey girl, the shape you're in,
	E G A
	About the shape you're in.
	D B
	Come on girl, the shape you're in.

| *Guitar solo* | |: E A | E | E A | E   :|
| | |: E | C | A | B   :|
| | | E | C | A | B |
| | | E | C | A | D B ||

| *Link 2* | | E5 A5 | E5 | E5 A5 | E5 ||

Verse 3

```
        E       A         E              A  E
Now I'm not trying to get heavy with you,
              A            E         A  E
I'll mind my own business if you want me to.
              A          E             A  E
But I love you girl, I don't love no one else,
                A             E                A  E
I'm just telling you baby 'cause I've been there myself.
```

Chorus 3

```
E                  C
I said hold on girl,   don't get too tight,
A                          B
  You started early and we've got all night.
             E          C
You've got to  take it easy,  take it slow,
A                          B
  We don't want the whole world to know
         E              G  A
About the shape you're in.
         B
Hey babe, the shape you're in,
         E              G  A
About the shape you're in.
             D          B
Come on girl, the shape you're in,
         E              G  A
About the shape you're in.
         B
Hey babe, the shape you're in,
         E              G  A
About the shape you're in.
             D          B
Come on girl, the shape you're in.
```

Outro   ‖: E A │ E   │ E A │ E   :‖   *Play 6 times to fade*

She's Waiting

Words & Music by Eric Clapton & Peter Robinson

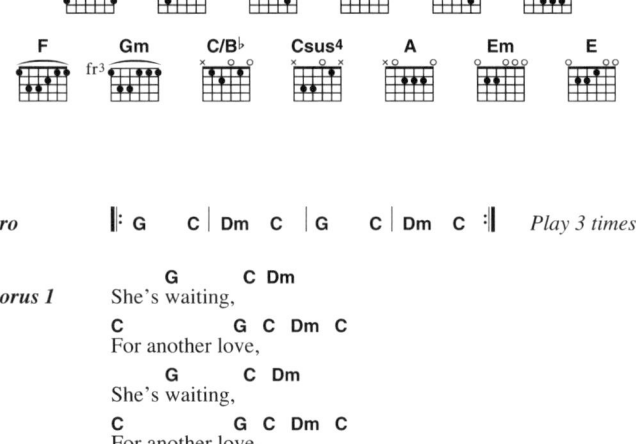

Intro ‖: G   C | Dm   C | G   C | Dm   C :‖   *Play 3 times*

Chorus 1
```
       G      C Dm
She's waiting,
C            G C Dm C
For another love,
       G      C Dm
She's waiting,
C            G C Dm C
For another love.
```

Verse 1
```
Dm          Am       C     G
She's been waiting for another love,
Dm           Am       C        G
Someone that she can show into her heart.
Dm           Am         C      G
And when she's finally found a stronger love,
Dm        Am        C    G
Your whole world's gonna fall apart.
```

© Copyright 1985 & 1991 E.C. Music Limited (75%)/
Hit & Run Music (Publishing) Limited (25%).
All Rights Reserved. International Copyright Secured.

Chorus 2

        G D G C Dm
She's wait - ing,

C   **G C G C Dm C**
For another love,

        G D G C Dm
She's wait - ing,

C   **G C G C Dm C**
For another love.

Verse 2

Dm   **Am**   **C**   **G**
You've been abusing her for far too long,

Dm   **Am**   **C**   **G**
Think you're a king and she's your throne.

B♭   **F**   **Csus4** **C**
Get ready now, 'cause pretty soon,

C/B♭   **B♭** **F**   **Gm**   **B♭** **F**   **G**
She'll be gone and you'll be on   your own.

Chorus 3   As Chorus 2

Solo   ‖: G D G C | Dm C | G D G C | Dm C :‖

Verse 3

Dm   **Am**   **C**   **G**
I see the hunger burning in her eyes,

Dm **Am**   **C**   **G**
Any fool could see there's something wrong.

B♭   **F**   **Csus4** **C**
You keep pretending not to care,

C/B♭   **B♭** **F**   **Gm**   **B♭** **F**
But I will hear you   sing a different (song.)

Link | **G**   **C** | **Dm** **C** | **G**   **C** | **Dm** **C** |
        song.

       | **A**   **D** | **Em** **D** | **A**   **D** | **Em** **D** ‖

Chorus 4   **A E A   D Em D**
        She's wait - ing,
           A E A D Em D
        For another love,
         A E A D Em D
        She's wait - ing,
           A E A D Em D
        For another love.

Outro   ‖: She's waiting
       A   **E A**   **D**
       (Looking for another lover,
       Em   **D**
       Hoping for a time when she'll find another.) :‖ *Repeat to fade*

Spoonful

Words & Music by Willie Dixon

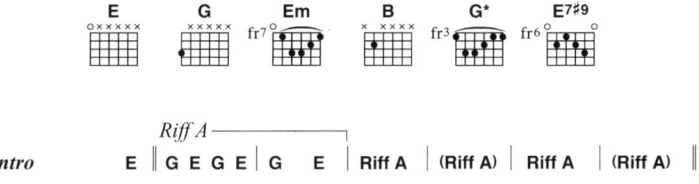

Intro E ‖ G E G E │ G   E │ Riff A │ (Riff A) │ Riff A │ (Riff A) ‖

Verse 1
    Em   **B**
Could fill spoons full of diamonds,
                       B
Could fill spoons full of gold.
Em
Just a little spoon of your precious love
   N.C.   **Em**
Will satisfy my soul.

Chorus 1
  Em   **G** **E**
Men lies about it,
        Em   **G** **E**
Some of them cries about it,
        Em   **G** **E**
Some of them dies about it.
Em   **G**   **E**
Everything's a-fightin' about the spoon - ful.
Riff A
That spoon, that spoon, that spoon - ful.
Riff A
That spoon, that spoon, that spoon - ful.
Riff A
That spoon, that spoon, that spoon - ful.
Riff A
That spoon, that spoon, that spoon...

© Copyright 1960 Hoochie Coochie Music/Arc Music Corporation, USA.
Bug Music Limited (70%)/Jewel Music Publishing Company Limited (30%).
All Rights Reserved. International Copyright Secured.

Link 1 | Riff A | (Riff A) | Riff A | (Riff A) |

             | Riff A | (Riff A) | G E G E | G B   ‖

Verse 2
Em   B
Could fill spoons full of coffee,
                              B
Could fill spoons full of tea.
Em
Just a little spoon of your precious love,
   N.C.   Em
Is that enough for me?

Chorus 2   As Chorus 1

Solo | (Em) |———— 42 ————| ‖
                       ad lib.

Link 2   ‖:Riff A | (Riff A)   :‖ *Play 5 times*

              | G E G E | B   ‖

Verse 3
Em   B
Could fill spoons full of water,
                              B
Saved them from the desert sands.
Em
Was a little spoon of your love baby,
N.C.   Em
Saved you from another man.

	Em G E
Chorus 3	Men lies uh,

               Em   G   E
Some of them cries about it,
             Em G E
Some of them dies.
                 Em   **G   E**
Everything's a - fightin' about it.
            Riff A
Everything's a-cryin' about it.
             Riff A
Everything's a, everything's a-dyin' about it.

Everything's a-cryin' about it.
           Riff A
Everything's a-lyin' about it.
               Riff A
Li'l' old, li'l' old,
         Riff A
Spoonful,
       | **Riff A** | (**Riff A**) ‖
Spoonful.

	Riff A
Chorus 4	Hey!

Everything's a-dyin' about it.
          Riff A
All right, just cryin' about it.
    Riff A
That spoon, that spoon that...
       Riff A
Little old spoon, little old spoon, little old...
       Riff A
Little old spoon, little old spoon, little old spoonful.
       Riff A
That spoon, that spoon, that spoonful.
Riff A
Spoon, that spoon, that spoonful, yeah.

	‖: **Riff A**	(**Riff A**) :‖ *Play 5 times*
Outro		⌢ ‖
	N.C.

N.C.   **G*   E7♯9**
Everything's a-dyin' about it.   Hey!

Sign Language

Words & Music by Bob Dylan

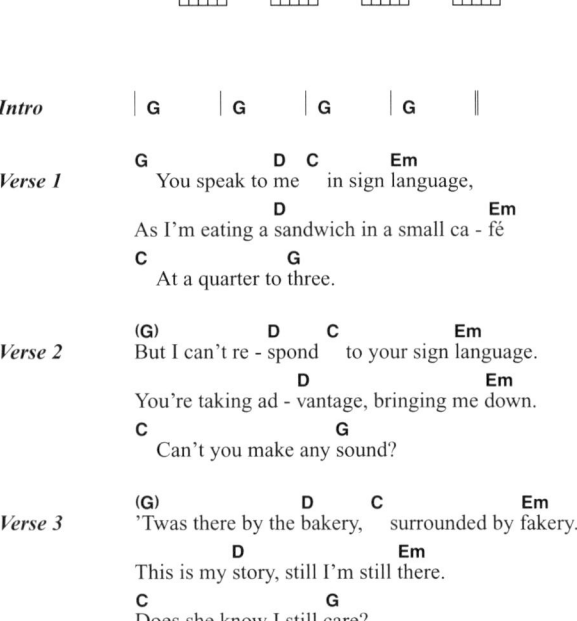

Intro | G | G | G | G ‖

Verse 1
```
         G          D   C      Em
       You speak to me   in sign language,
                    D               Em
     As I'm eating a sandwich in a small ca - fé
     C           G
       At a quarter to three.
```

Verse 2
```
     (G)          D   C          Em
     But I can't re - spond   to your sign language.
                    D               Em
     You're taking ad - vantage, bringing me down.
     C           G
       Can't you make any sound?
```

Verse 3
```
     (G)              D   C           Em
     'Twas there by the bakery,    surrounded by fakery.
                    D           Em
     This is my story, still I'm still there.
     C           G
     Does she know I still care?
```

© Copyright 1976 Ram's Horn Music, USA.
All Rights Reserved. International Copyright Secured.

Solo | G | D | C | Em |
            | Em | D | D | Em |
            | C | G | G ||

Verse 4
(G)   D   C   Em
Link Wray was playin'   on a jukebox, I was payin',
                         D   Em
For the words I was saying, so misunder - stood.
C   G
  He didn't do me no good.

Verse 5   As Verse 1

Verse 6   As Verse 2

Outro | G | D | C | Em |
            | Em | D | D | Em |
            | C | G | G | G | G ||

Signe

Words & Music by Eric Clapton

Intro

| A E/A | A E/A | A E/A | A E/A |
| A E/A | A E/A | A E/A | A N.C. ||

Section A

A B/A E/G#	A F#	Bm7 A/B	E
A	F#7	Bm7 A/B	E
A	Dadd9/F#	E7sus4	E7	

Section B

A	Dadd9/F#	E7sus4	E7
A B7b9/A	E/G# F#	Bm7 A/B	E
A E/A	F#	Bm7 A/B	E
A	Dadd9/F#	E7sus4	E7
A	Dadd9/F#	E7sus4	E7	

© Copyright 1992 & 1994 E.C. Music Limited.
All Rights Reserved. International Copyright Secured.

Section C	| C♯m7	| F♯m7	| Bm7	| E	|
	| C♯m7	| F♯m7	| Bm7	| E	|
	| E/G♯	| F♯m7	| Bm7	| E	‖

Section D	| A	| Dadd9/F♯	| E7sus4	| E7	|
	| A	| Dadd9/F♯	| E7sus4	| E7	|
	| A B7♭9/A	| E/G♯ F♯	| Bm7 A/B	| E7	|
	| A E/A	| F♯	| Bm7 A/B	| E	‖

Outro	‖: A	| Dadd9/F♯	| E7sus4	| E7	|
	| A	| Dadd9/F♯	| E7sus4	| E7	:‖
	| A	| Dadd9/F♯	| E7sus4	| E7	|
	| A	| Dadd9/F♯	| E7sus4	| E7 N.C.	| A ‖

Strange Brew

Words & Music by
Eric Clapton, Felix Pappalardi & Gail Collins

Chords: A (fr5), D9 (fr4), E7#9 (fr6), D7#9 (fr4), A9 (fr4)

Intro

| A | A | A | A |

| D9 | D9 | A | A |

E7#9   D7#9   A
Strange brew, killin' what's inside of you. ___

Verse 1

                A   D9
She's a witch of trouble in electric blue,
              A   D9
In her own mad mind she's in love with you, with you.
            A
Now what you gonna do?
E7#9   D7#9   A
Strange brew, killin' what's inside of you. ___

Verse 2

                A   D9
She's some kind of demon messin' in the glue,
            A   D9
If you don't watch out it'll stick to you, to you.
             A
What kind of fool are you?
E7#9   D7#9   A
Strange brew, killin' what's inside of you. ___

Solo

| A | A | A | A |

| D9 | D9 | A | A |

| E7#9 | D7#9 | A | A ||

© Copyright 1967, 1978 & 1995 Universal Music Publishing MGB Limited (66.67%).
(administered in Germany by Musik Edition Discoton GmbH, a division of Universal Music Publishing Group)/
Eric Clapton (33.33%).
All Rights Reserved. International Copyright Secured.

Verse 3
      A   **D9**
On a boat in the middle of a raging sea
        A   **D9**
She would make a scene for it all to be ignored.
                A
And wouldn't you be bored?
E7♯9   **D7♯9**   **A**   **N.C.**
Strange brew, killin' what's inside of you. ____

Coda
A   **D9**
Strange brew,
A
Strange brew.
D9   **D7♯9**
Strange brew,
A
Strange brew,
E7♯9   **D7♯9**   **A** **N.C.** **A9**
Strange brew, killin' what's inside of you. ____

Sunshine Of Your Love

Words & Music by
Jack Bruce, Pete Brown & Eric Clapton

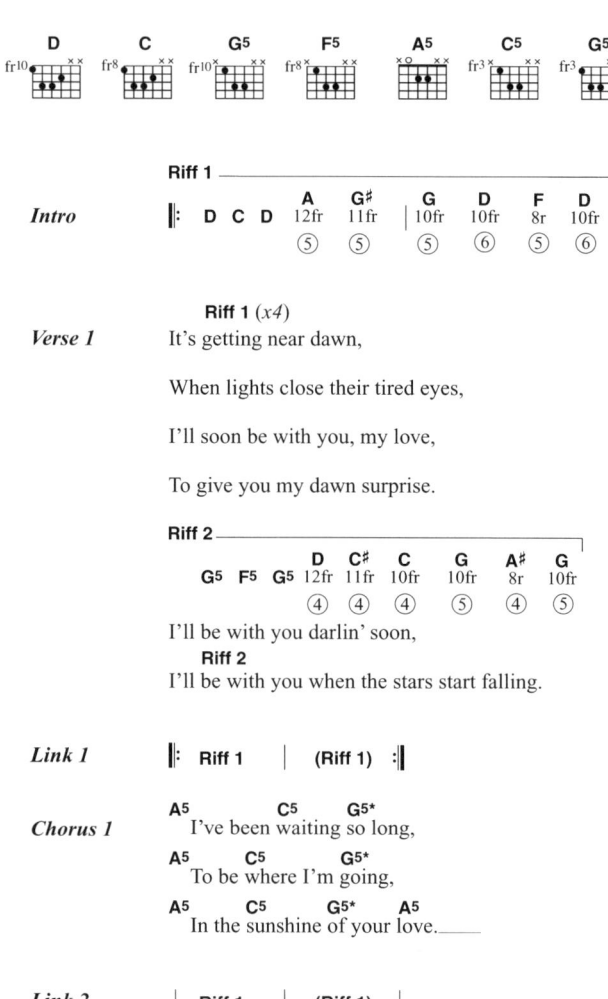

Intro

Riff 1
‖: D C D | A 12fr ⑤ G# 11fr ⑤ | G 10fr ⑤ D 10fr ⑥ | F 8r ⑤ D 10fr ⑥ :‖ *Play 4 times*

Verse 1

Riff 1 (x4)
It's getting near dawn,

When lights close their tired eyes,

I'll soon be with you, my love,

To give you my dawn surprise.

Riff 2
G5 F5 G5 | D 12fr ④ C# 11fr ④ C 10fr ④ | G 10fr ⑤ A# 8r ④ G 10fr ⑤

I'll be with you darlin' soon,

Riff 2
I'll be with you when the stars start falling.

Link 1   ‖: Riff 1 | (Riff 1) :‖

Chorus 1
A5   C5   G5*
I've been waiting so long,

A5   C5   G5*
To be where I'm going,

A5   C5   G5*   A5
In the sunshine of your love.____

Link 2 | Riff 1 | (Riff 1) |

© Copyright 1967 & 1996 Warner/Chappell Music Limited (66.66%)/Eric Clapton (33.34%).
All Rights Reserved. International Copyright Secured.

	Riff 1 (*x4*)
Verse 2	I'm with you my love,

The light's shining through on you.

Yes, I'm with you my love,

It's the morning and just we two.
Riff 2 (*x4*)
I'll stay with you darling now,

I'll stay with you till my seeds are dried up.

Link 3   As Link 1

Chorus 2 As Chorus 1

Guitar solo ‖: Riff 1 | (Riff 1) :‖ *Play 4 times*
‖: Riff 2 | (Riff 2) :‖‖: Riff 1 | (Riff 1) :‖
‖: A5 | C5 G5* :‖ *Play 3 times*
| A5 ‖

Link 4   As Link 1

Verse 3   As Verse 2

Link 5   As Link 1

Chorus 3
^{A5}I've been ^{C5}waiting ^{G5*}so long,

^{A5}I've been ^{C5}waiting ^{G5*}so long,

^{A5}To be where ^{C5}I'm ^{G5*}going,

A5   C5   G5*
In the sunshine of your love.___

Outro
(Double time)   ‖: A5 | A5 :‖ *Play 4 times to fade*

Sweet Home Chicago

Words & Music by Robert Johnson

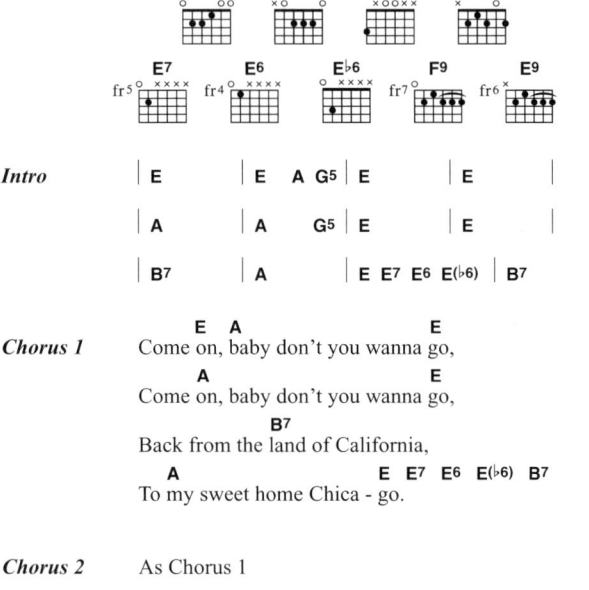

Intro		E		E A G5	E		E	
		A		A G5	E		E	
		B7		A		E E7 E6 E(b6)	B7	

		E A		E
Chorus 1		Come on, baby don't you wanna go,		
		A		E
		Come on, baby don't you wanna go,		
			B7	
		Back from the land of California,		
		A		E E7 E6 E(b6) B7
		To my sweet home Chica - go.		

Chorus 2   As Chorus 1

Verse 1
E
Two and two is four babe,

Four and two is eight,

Come on now darlin' don't you make me late.
A
Now I'm cryin' please,
E
Baby don't you wanna go,
B7
Back from the land of California,
A   **E E7 E6 E(b6) B7**
To my sweet home Chica - go.

© Copyright 2009 Dorsey Brothers Ltd.
All Rights Reserved. International Copyright Secured.

Solos 1   ‖: E | A | E | E |

                | A | A | E | E |

                | B7 | A | E E7 E6 E(♭6) | B7   :‖

Verse 2

E
One and one is two,

Two and two is four.

I'm heavy loaded, I'm looking, I gotta go.

      A
Now I'm cryin' please

         E
Baby don't you wanna go

    B7
Back from the land of California

 A   E E7 E6 E(♭6) B7
To my sweet home Chicago.

Solos 2   ‖: E | E A G5 | E | E |

                | A | A G5 | E | E |

                | B7 | A | E E7 E6 E(♭6) | B7 F9 E9 :‖

Chorus 3   As Chorus 1

Chorus 4   As Chorus 1

Outro | E | E | E | E |

             | A | A | E | E |

             | B7 | A | E E7 E6 E(♭6) | B7 F9 E9 ‖

Swing Low Sweet Chariot

Traditional
Arranged by Eric Clapton

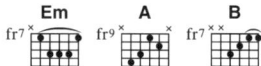

Intro
E	E	A	E
E	E	B	B
E	E	A	E
E	B	E	E

Chorus 1
```
  E            A    E
Swing low, sweet chari - ot,
                    B
Coming for to carry me home.
  E            A    E
Swing low, sweet chari - ot,
              B      E
Coming for to carry me home.
```

Verse 1
```
  E                 A     E
Look over Jordan, what do I see?
                    B
Coming for to carry me home.
  E            A         E
A band of angels coming after me,
              B      E
Coming for to carry me home.
```

Chorus 2 As Chorus 1

© Copyright 1975 & 1994 Eric Clapton.
All Rights Reserved. International Copyright Secured.

Verse 2
       E   **A**   **E**
I looked over Jordan and what did I see?
                         B
Coming for to carry me home.
       E   **A**   **E**
I saw a band of angels coming after me,
              B   **E**
Coming for to carry me home.

Chorus 3   As Chorus 1

Solo

E	E	A	E
E	E	B	B
E	E	A	E
E	B	E	E

Verse 3
E   **A**   **E**
I looked over Jordan, what do I see?
                       B
Coming for to carry me home.
 E   **A**   **E**
A band of angels coming after me,
              B   **E**
Coming for to carry me home.

Chorus 4   As Chorus 1

Chorus 5   As Chorus 1   *Fade out*

Superman Inside

Words & Music by
Eric Clapton, Doyle Bramhall II & Susannah Melvoin

Intro ‖: D5 | D5 | D5 | D5 :‖

Verse 1
D5
Living, loving, ain't going to waste my life.

Singing music, someday the sun don't shine.
G
   I don't want to be the one,
F
   The one that can never say,
E   A
'I need to let it out, won't you let me in.'

Link 1 | D5 | D5 | D5 | D5 |

Verse 2
D5
Give it all up, surrender thankfully.

Fall down on my knees, my hands open wide.
G
   I don't want to be the one,
F
   The one that can never say,
E   A
'I need to let it out, won't you let me in.'

© Copyright 2001 E.C. Music Limited (20%)/Chrysalis Music Limited (40%)/
Wirzma Publishing/Bug Music Limited (40%).
All Rights Reserved. International Copyright Secured.

Chorus 1

    D5   **F**
Look in the mirror,
C   **G**   **D5**
  Even with a broken heart I'm fine.
    F
Keep on pushing,
C   **G**   **D5**
  Getting closer to peace of mind.
    F
Look in the mirror,
C   **G**   **D5**
  Even with a broken heart I'm fine.
   F
Living is so sweet
C   **G**   **D5**
  Now with Superman in - side.

Link 2

D5
Superman, Superman inside.

Verse 3

D5
No more running, ain't going to hide away.

I'm standing outside in the pouring rain.
G
  'Cause I don't want to be the one,
F
  The one that can never say,
E   **A**
'I need to let it out, won't you let me in.'

Chorus 2

    D5   **F**
Look in the mirror,
C   **G**   **D5**
  Even with a broken heart I'm fine.
    F
Keep on pushing,
C   **G**   **D5**
  Getting closer to peace of mind.
    F
Look in the mirror,
C   **G**   **D5**
  Even with a broken heart I'm fine.
   F
Living is so sweet
C   **G**
  Now with Superman inside.

	G **F** **D5**
Link 3	Superman, Superman inside.
	G **F** **D5**
	Superman, Superman inside.

| C | C | G | G ‖

Chorus 3   As Chorus 2

Outro
D5
With Superman, with Superman,

With Superman inside.   *Repeat to fade*

Tears In Heaven

Words & Music by Eric Clapton & Will Jennings

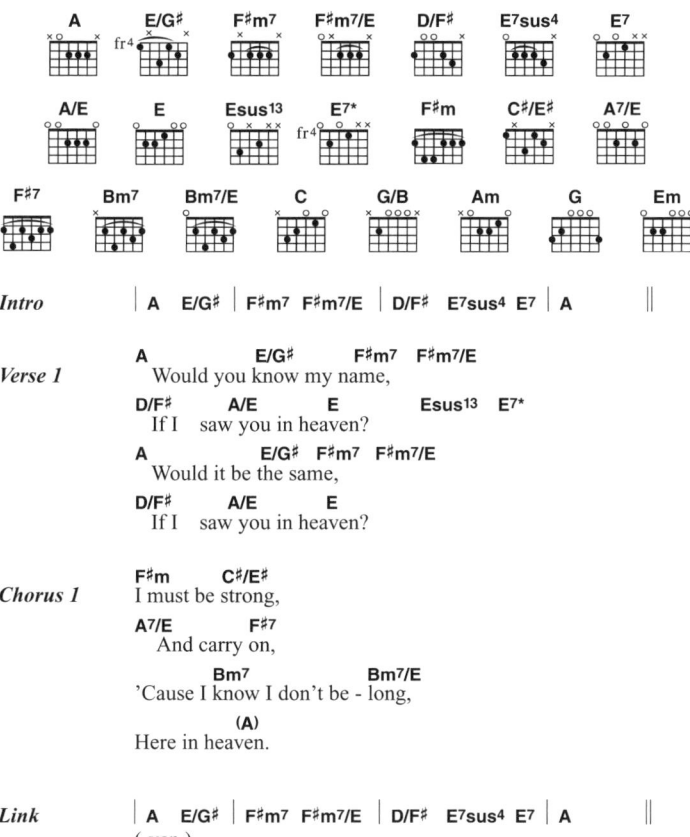

Intro | A E/G# | F#m7 F#m7/E | D/F# E7sus4 E7 | A ||

Verse 1
      A   **E/G#**   **F#m7** **F#m7/E**
Would you know my name,
D/F#   **A/E**   **E**   **Esus13** **E7***
If I saw you in heaven?
A   **E/G#**   **F#m7** **F#m7/E**
Would it be the same,
D/F#   **A/E**   **E**
If I saw you in heaven?

Chorus 1
F#m   **C#/E#**
I must be strong,
A7/E   **F#7**
 And carry on,
        Bm7   **Bm7/E**
'Cause I know I don't be - long,
       (A)
Here in heaven.

Link | A E/G# | F#m7 F#m7/E | D/F# E7sus4 E7 | A ||
(-ven.)

© Copyright 1991, 1995 & 2004 E.C. Music Limited (87.5%)/Blue Sky Rider Songs/
Universal Music Publishing Limited (12.5%)
(administered in Germany by Universal Music Publ. GmbH).
All Rights Reserved. International Copyright Secured.

	A E/G♯ F♯m7 F♯m7/E
Verse 2	Would you hold my hand,
	D/F♯ A/E E Esus13 E7*
	If I saw you in heaven?
	A E/G♯ F♯m7 F♯m7/E
	Would you help me stand,
	D/F♯ A/E E Esus13 E7*
	If I saw you in heaven?

	F♯m C♯/E♯
Chorus 2	I'll find my way,
	A7/E F♯7
	Through night and day.
	Bm7 Bm7/E
	'Cause I know I just can't stay,
	(A)
	Here in heaven.

Link 1	‖ A E/G♯ | F♯m7 F♯m7/E | D/F♯ E7sus4 E7 | A ‖
	(-ven.)

	C G/B Am
Bridge	Time can bring you down,
	D/F♯ G D/F♯ Em D/F♯ G
	Time can bend your knees.
	C G/B Am
	Time can break your heart,
	D/F♯ G D/F♯
	Have you beggin', 'Please',
	E Esus13 E7*
	Beggin', 'Please'.

Solo	‖: A E/G♯ | F♯m7 F♯m7/E | D/F♯ A/E | E Esus13 E7* :‖

	F♯m C♯/E♯
Chorus 3	Beyond the door,
	A7/E F♯7
	There's peace I'm sure,
	Bm7 Bm7/E
	And I know there'll be no more
	A
	Tears in heaven.

Link 2	As Link 1

Verse 3

    A   **E/G#**   **F#m7** **F#m7/E**
Would you know my name,

D/F#   **A/E**   **E**   **Esus13** **E7***
If I   saw you in heaven?

A   **E/G#** **F#m7** **F#m7/E**
Would you be the same,

D/F#   **A/E**   **E**   **Esus13** **E7***
If I   saw you in heaven?

Chorus 4

F#m   **C#/E#**
I must be strong,

A7/E   **F#7**
And carry on,

         Bm7   **Bm7/E**
'Cause I know I don't be - long

        A
Here in heaven.

Link

| **A** **E/G#** | **F#m7** **F#m7/E**
(-ven.)

        Bm7   **Bm7/E**
'Cause I know I don't belong

        A
Here in heaven.

Coda

| **A** **E/G#** | **F#m7** **F#m7/E** | **A/E** **E7sus4** **E7** | **A** ||
(-ven.)

Tales Of Brave Ulysses

Words & Music by Eric Clapton & Martin Sharp

D   Cadd9   G/B   Gm/B♭   A7   C

| Intro | ‖ D | ‖ N.C. | N.C | N.C | N.C ‖ |

Bass guitar

Verse 1

N.C.
You thought the leaden winter

Would bring you down forever,

But you rode upon a steamer

To the violence of the sun.

Link 1 ‖ D   Cadd9   G/B   Gm/B♭   D   Cadd9   G/B   Gm/B♭ ‖

Verse 2

          D   Cadd9   G/B   Gm/B♭
And the colours of the sea blind your eyes with trembling mermaids,
         D   Cadd9   G/B   Gm/B♭
And you touch the distant beaches with tales of brave Ulysses,
       D   Cadd9   G/B   Gm/B♭
How his naked ears were tortured by the sirens sweetly singing,
      D   Cadd9   G/B   Gm/B♭
For the sparkling waves are calling you to kiss their white-laced lips.

Link 2 | A7 | A7   D   C | A7 | A7   D   C ‖

Verse 3

          D   Cadd9   G/B   Gm/B♭
And you see a girl's brown body   dancing through the turquoise,
      D   Cadd9   G/B   Gm/B♭
And her footprints make you follow where the sky loves the sea,
     D   Cadd9   G/B   Gm/B♭
And when your fingers find her she drowns you in her body,
D   Cadd9   G/B   Gm/B♭
Carving deep blue ripples in the tissues of your mind.

© Copyright 1967 & 1995 Eric Clapton (50%)/
Warner/Chappell Music Limited (50%).
All Rights Reserved. International Copyright Secured.

Link 3 | A7 | A7 D C | A7 | A7 D C ‖

Bridge 1
     D
And tiny purple fishes
N.C.
Run laughing through your fingers,

And you want to take her with you

To the hard land of winter.

Link | D Cadd9 | G/B Gm/B♭ | D Cadd9 | G/B Gm/B♭ ‖

Verse 4
    D   **Cadd9**   **G/B**   **Gm/B♭**
Her name is Aphrodite and she rides a crimson shell,
        D   **Cadd9**   **G/B**   **Gm/B♭**
And you know you cannot leave her for you touched the distant sands,
     D   **Cadd9**   **G/B**   **Gm/B♭**
With tales of brave Ulysses, how his naked ears were tortured
      D   **Cadd9**
By the sirens sweetly singing.

Solo | D Cadd9 | G/B Gm/B♭ | D Cadd9 | G/B Gm/B♭ ‖

Bridge 2 As Bridge 1

Outro ‖: D Cadd9 | G/B Gm/B♭ | D Cadd9 | G/B Gm/B♭ :‖ *Play 5 times to fade*

Tearing Us Apart

Words & Music by Eric Clapton & Greg Phillinganes

D7 C G F A

| *Intro* | ‖: D7 | C | D7 | C :‖ *Play 4 times* |

Verse 1
    (N.C.)   D7   C   D7 C
You know the sun is shining, it's raining in my heart.
                 D7   C   D7 C
I don't know what to do   since we've been a - part.
               D7   C   D7 C
Why don't you tell me, babe, what is going on?
              D7   C   D7 C
You know I love you darling, don't want to be a - lone.

Chorus 1
G F   D7
  They're tearing us apart,
G F   D7
  They're breaking up my heart.
G F   D7
  I knew it from the start,
F A   (D7)
  Your friends are tearing us a - part.

| *Link 1* | ‖: D7 | C | D7 | C :‖ |

Verse 2
  (C)   D7   C   D7 C
You know I can't go on, feeling this old way.
                D7   C   D7 C
You know my heart is burning, burning every - day.
              D7   C   D7 C
You know I love you, baby, no one else will do.
              D7   C   D7 C
Why don't you reconsider, what I want you to?

© Copyright 1986 E.C. Music Limited (90%)/Warner/Chappell Music Limited (10%).
All Rights Reserved. International Copyright Secured.

Chorus 2   As Chorus 1

Interlude   ‖: D7 | D7 | D7 | D7   :‖

Solo   ‖: D7 | C | D7 | C   :‖ *Play 4 times*

Chorus 3   As Chorus 1

Outro | D7 | C | D7 | C |

           | D7 | C | D7 |

           C   D7   C   D7   C
           Your friends are tearing us a - part,

           C   D7   C   D7   C
           Tearing us a - part,

           ‖: D7 | C | D7 | C   :‖ *Repeat to fade*

Tell The Truth

Words & Music by Eric Clapton & Bobby Whitlock

| A | E | B | G | D | Cm | G♯ | A♯ |

Intro | N.C. | N.C. | N.C. | N.C. | A | A ||

Chorus 1
```
          A                   E
          Tell me who's been fooling who?
          A                      B
Tell the truth, who's been fooling you?
```

Verse 1
```
          A              E
          There you sit there looking so cool
           A                         E
Like the whole show was passing you by.
A                                   E
Better come to terms with your fellow men soon 'causeÉ
```

Pre-chorus 1
```
            G               D
            The whole world's shaking now,
             E       B E B D
Can't you feel it,
G             D
  A new dawn's breakin' now,
      B
Can't you see it?
```

Chorus 2
```
          N.C.  A                              E
                Tell the truth, tell me who's been fooling who?
                A                      E
Tell the truth, who's been fooling you?
```

Verse 2
```
          A              E
          I don't mind just who you are,
           A            E
Or where you're going or been.
A                            E
Open your eyes and take a look at your heart.
```

© Copyright 1970 & 1995 Eric Clapton (50%)/Warner/Chappell Music Limited (50%).
All Rights Reserved. International Copyright Secured.

Pre-chorus 2

   G   **D**
The whole world's shaking now,

      E   **B E B E D**
Can't you feel it,

  G   **D**
You know it's changing now,

     B
Can't you see it, I said see it yeah.

Can't you see it, can't you see it yeah,

Can't you see it, I can see it yeah.

Instrumental

| C♯ | C♯ | C♯ | C♯ | G♯ | G♯ |
Oooh.
| G♯ | G♯ A A♯ | B | B. | B | B ‖

Chorus 3

N.C.   **A**   **E**
Tell the truth, tell me who's been fooling who?

        A   **E**
Tell the truth, who's been fooling you?

Verse 3

A   **E**
Hear what I say, 'cause every word is true,

   A   **E**
You know I wouldn't tell you no lies,

A   **E**
Your time's coming, gotta be soon, boy.

Pre-chorus 3

  G   **D**
The whole world's shaking now,

      E   **B E B E D**
Can't you feel it,

G   **D**
You know it's changing now,

     B
‖: Can't you see it, I said see it yeah.

Can't you see it, I said see it yeah.

Can't you see it, I said see it yeah. :‖

Solo   ‖: B | B | B | B   :‖   *Play 3 times*

Pre-chorus 4

    G   **D**
The whole world's shaking now,

  E   **B E B E D**
Can't you feel it,

G   **D**
A new dawn's breakin' now,

      B
‖: Can't you see it, I said see it yeah.

Can't you see it, I said see it yeah.

Can't you see it, I said see it yeah. :‖

Coda   ‖: B | B | B | B   :‖

              | B | B | G | D |

              | E B | E B E D | G | D | E   ‖

Walk Out In The Rain

Words & Music by Bob Dylan & Helena Springs

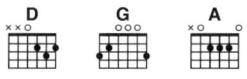

Intro | D G | D G | D G | D G ‖

Verse 1
D   G   D   G
Walk out if it doesn't feel right,
D   G   D   G
I can tell you're only ly - ing.
      D   G   D   G
If you've got something better to - night,
      D   G   D
Then don't mess up my mind with your cry - ing.

Chorus 1
D
Just walk out in the rain,
     A
Walk out with your dreams,
     D   G
Walk out of my life if you don't feel right.
  D
And catch the next train,
      A   (D)
Oh darling, walk out in the rain.

Link 1 | D G | D G | D G | D G ‖

© Copyright 1978 Special Rider Music, USA.
All Rights Reserved. International Copyright Secured.

Verse 2
```
          D              G         D   G
          I have come from so far a - way
          D        G             D   G
          Just to put a ring on your fin - ger.
           D              G            D   G
          If you've said all that you've got to say,
                D              G            D
          Then please don't feel the need to lin - ger.
```

Chorus 2
```
          D
          Just walk out in the rain,
            A
          Walk out with your dreams,
           D                      G
          Walk out of my life if you don't feel right.
           D
          And catch the next train,
            A                    D  G    D   G
          Oh darling, walk out in the rain,   in the rain.
```

Link 2 | D G | D G   ‖

Guitar solo | D G | D G | D G | D G |

                | D G | D G | D G | D |

                | D | A | D | G |

                | D | A | D G | D G | D G | D G   ‖

Verse 3
```
          D              G           D   G
          It's raining out - side of the ci - ty,
            D          G                D  G
          My poor feet have walked till they're sore.
           D                G            D   G
          If you don't want my love, it's a pi - ty,
            D            G          D
          I guess I can't see you no more.
```

Chorus 3
    D
Walk out in the rain,
      A
Walk out with your dreams,
  D   **G**
Walk out of my life if you don't feel right.
  D
And catch the next train,
  A   **D** **G**   **D** **G**
Oh darling, walk out in the rain, in the rain.

Link 3 | D G | D G ‖

Chorus 4
  D
Just walk out in the rain,
     A
Walk out with your dreams,
  D   **G**
Walk out of my life if you don't feel right.
  D
And catch the next train,
  A   **(D)**
Oh darling, walk out in the rain.

Link 4 | D G | D G | D G | D G ‖

Chorus 5
  D
Just walk out in the rain,
     A
Walk out with your dreams,
  D   **G**
Walk out of my life if you don't feel right.
  D
And catch the next train.   *Fade out*

Walkin' Blues

Words & Music by Robert Johnson

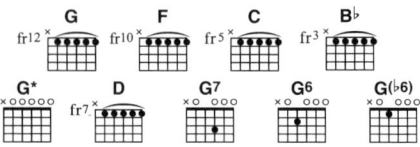

⑥ = D   ③ = G
⑤ = G   ② = B
④ = D   ① = D

Intro | G | G | G | G | F |
          | C | C B♭ | G* | G* |
          | D | C | G* G7 G6 G(♭6) | G* D ‖

Verse 1
```
     G*      G7     G6    G*   G7      G6     G*
Woke up this morn - ing, feel 'round for my shoes,
        G7       G6  G*         G7 G6     G*
You know 'bout that babe, had them old walkin' blues.
    C                                    G*
   Woke up this morning, I feel 'round for my shoes,
    D
   You know 'bout that babe,
    C                            G* G7 G6 G(♭6) G* D
   Ooh, Lord, I had them old walkin' blues.
```

Verse 2
```
     G*        G7    G6   G*       G7       G6    G*
I'm leav - in' this morning,   I had to go ride the blinds.
     G7       G6    G*          G7  G6    G*
I've been mis - treated,   don't mind dying.
    C                            G*
   This morning, I had to go ride the blinds,
    D
     I've been mistreated,
    C                          G* G7 G6 G(♭6) G* D
   Ooh, Lord, I don't mind dying.
```

© Copyright 2009 Dorsey Brothers Ltd.
All Rights Reserved. International Copyright Secured.

Solo

| G | G | G | G | F | |
| C | C | G* | G* | |
| D | C | G* G7 G6 G(♭6) | G* D ‖

Verse 3

    G*   G7 G6 G*   G7   G6   G*
People tell me   walkin' blues ain't bad,
     G7   G6 G*   G7 G6   G*
Worst old feel - ing   I most ever had.
       C   G*
People tell me the old walkin' blues ain't bad.
         D
Well it's the   worst old feeling,
C   G* G7 G6 G(♭6) G* D
  Ooh, Lord, I most ever had.

Outro

| G | G | G | G | F | |
| C | C | G* | G* | |
| D | C | G* G7 G6 G(♭6) | G* ‖

White Room

Words & Music by Jack Bruce & Pete Brown

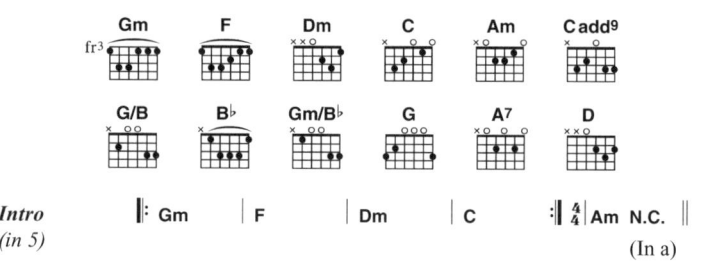

Intro　　　‖: Gm　　| F　　　| Dm　　| C　　　:‖ 4/4 | Am   N.C. ‖
(in 5)　　　　　　　　　　　　　　　　　　　　　　　　　　(In a)

Verse 1　　　　N.C.　Dm　　Cadd9　　G/B　　B♭　C　　Dm　　Cadd9 G/B B♭
(in 4)　　　　(In a) white room with black curtains near the station.
　　　　　　C　　　　Dm　　Cadd9　G/B　　　B♭　C　Dm　　Cadd9 G/B B♭
　　　　　　Black roof country, no gold pavements, tired __ starlings.
　　　　　　C　　　Dm　　Cadd9　G/B　　　B♭　C　　Dm　　Cadd9 G/B B♭
　　　　　　Silver horses ran down moonbeams in your dark eyes.
　　　　　　　　　　C　　Dm　　Cadd9　G/B　　　B♭　C　　Dm　　Cadd9 G/B Gm/B♭
　　　　　　Dawn light smiles   on your leaving my contentment.

Chorus 1　　　　C　　　　G
　　　　　　I'll wait in this place
　　　　　　　　　B♭　　　A7
　　　　　　Where the sun never shines,
　　　　　　C　　　　G
　　　　　　Wait in this place
　　　　　　　　　B♭　　　C　　　　　D　　N.C.
　　　　　　Where the shadows run from themselves.

Verse 2　　　　　　Dm　　Cadd9　G/B　　　B♭　C　　Dm　　Cadd9 G/B B♭
　　　　　　You said no strings could secure you at   the station.
　　　　　　　C　　　Dm　　Cadd9　G/B　　　B♭　C　　Dm　　Cadd9 G/B B♭
　　　　　　Platform ticket, restless diesels,   goodbye windows.
　　　　　　C　　Dm　Cadd9　G/B　　　B♭　C　　Dm　　Cadd9 G/B B♭
　　　　　　I walked into such a sad time at   the station.
　　　　　　C　Dm　　　　Cadd9　G/B　　　B♭　　C　　Dm　Cadd9 G/B Gm/B♭
　　　　　　As I   walked out felt my own need   just beginning.

© Copyright 1968 Warner/Chappell Music Limited.
All Rights Reserved. International Copyright Secured.

Chorus 2
      C   **G**
I'll wait in the queue
      B♭   **A7**
When the trains come back,
C   **G**
Lie with you
     B♭   **C**   **D**
Where the shadows run from themselves.

Instrumental ‖: **Gm** | **F** | **Dm** | **C** :‖ **4/4** | **Am N.C.** ‖
(in 5)   (At the)

Verse 3
(in 4)
  (N.C.) Dm Cadd9 G/B   B♭ C Dm   Cadd9 G/B B♭
At the party she was kindness in the hard crowd.
       C Dm Cadd9 G/B   B♭ C Dm Cadd9 G/B B♭
Consol-ation for the old wound now forgotten.
C   Dm Cadd9   G/B B♭ C Dm   Cadd9 G/B B♭
Yellow tigers crouched in jungles in her dark eyes.
    C   Dm
She's just dressing,
Cadd9   G/B   B♭ C Dm   Cadd9 G/B Gm/B♭
  Goodbye windows, tired __ starlings.

Chorus 3
     C   **G**
I'll sleep in this place
     B♭   **A7**
With the lonely crowd,
C   **G**
Lie in the dark
     B♭   **C**   **D**
Where the shadows run from themselves.

Instrumental ‖: **Gm** | **F** | **Dm** | **C** :‖ **Am** | **Am** ‖
(in 5)

Outro ‖: **Dm Cadd9** | **G/B B♭ C** | **Dm Cadd9** | **G/B B♭ C** :‖ *Play 6 times*
(in 4)

Who Am I Telling You?

Words & Music by J.J. Cale

Intro

| F7 | C | F7 | C |

| F7 | C B♭ F7 | C   F7 | C ||

Verse 1

F7   C
 It don't take no fool to love you,
F7   C
 You stand out in any crowd.
F7   C B♭ F7
 And I know men who want to own you,
C   F7 C
 I can hear them talking loud.
F7   C
 There ain't no point in just me talking,
F7   C
 Who am I telling you?
F7   C B♭ F7
 But you done got yourself to - ge - ther,
C   F7 C
 And you can bet within in you.

Chorus 1

C F/C C   F/C
 I⎯⎯ just real - ised,
C F/C C   F/C
 I⎯⎯ just real - ised,
C   F/C C
 Who am I, telling you?

© Copyright 2006 Crazy Mamas Music, USA.
Fairwood Music Limited.
All Rights Reserved. International Copyright Secured.

Verse 2
    F7   C
You never lose, you are a winner,
  F7   C
It's a simple thing for you.
  F7   C   B♭ F7
If I'm standing at the cross - road,
C   F7   C
You know ex - actly what to do.
F7   C
From this moment on I loved you,
F7   C
Somewhere in between I learned.
F7   C   B♭ F7
I'm just reaching out to touch you,
C   F7   C
It's the point of no re - turn.

Chorus 2
C F/C C   F/C
I‾‾‾‾‾ just real - ised,
C F/C C
I‾‾‾‾‾ just real - ised,
    C F/C C   F/C
And I‾‾‾‾‾ just real - ised,
C   F/C C   F/C
Who am I,   who am I,
C   F/C   C
Who am I, telling you?

Guitar solo
‖: F7 | C | F7 | C |
| F7 | C B♭ F7 | C   F7 | C   :‖

Chorus 3
C F/C C   F/C
I‾‾‾‾‾ just real - ised,
C F/C C
I‾‾‾‾‾ just real - ised,
    C F/C C   F/C
And I‾‾‾‾‾ just real - ised,
C   F/C C   F/C
Who am I,   who am I,
C   F/C   C
And who am I, telling you?

Outro
| F7 | C | F7 | C |
| F7 | C B♭ F7 | C   F7 | C   ‖ *Fade out*

Why Does Love Got To Be So Sad?

Words & Music by Eric Clapton & Bobby Whitlock

Intro
| Am G | Am G | Am G |

   Am   G   Am   G
Yeah, yeah, yeah, yeah, yeah, yeah.

| Am G | Am G | Am G ‖

Verse 1

Am   **G**
Got to find me a way,
Am   **G**
To take me back to yesterday.
F   **C**   **E**
How can I ever hope to for - get you?
Am   **G**
Won't you show me a place,
Am   **G**
Where I can hide my lonely face?
F   **C**   **E**
I know you're gonna break my heart if I let you.

Chorus 1

A   **D**
Why does love got to be so sad?
A   **D**
Why does love got to be so sad?
A   **D**
Why does love got to be so sad?
A   **D**
Why does love got to be so sad?

© Copyright 1970 & 1995 Eric Clapton (50%)/Warner/Chappell Music Limited (50%).
All Rights Reserved. International Copyright Secured.

Verse 2

|Am   G|
Like a moth to a flame,
|Am   G|
Like a song with - out a name,
|F   C   E|
I've never been the same since I met you.
|Am   G|
Like a bird on the wing,
|Am   G   F|
I've got a brand new song to sing,
|C   E|
I can't keep from singing about you.

Chorus 2   As Chorus 1

Guitar solo   ‖: Am G | Am G | F C | E   :‖ *Play 6 times*

Verse 3

|Am   G|
I'm beginning to see,
|Am   G|
What a fool you've made of me.
|F   C   E|
I might have to break the law when I find you.
|Am   G|
Stop running a - way,
|Am   G   F|
I've got a better game to play,
|F   C   E|
You know I can't go on living with - out you.

Chorus 3   As Chorus 1

Outro   ‖: Am G | Am G | F C | E   :‖ *Play 16 times*

| A   ‖

Willie And The Hand Jive

Words & Music by Johnny Otis

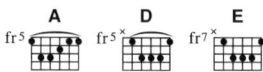

| Intro | ‖: A | A | A | A :‖ *Play 3 times* |

Verse 1
    A
I know a cat named Way-out Willie,

Got a cool little chick named Rocking Millie.
  D
He can walk and stroll and Susie Q
    A
And do that crazy hand jive, too.

Verse 2
   A
Mama, mama, look at Uncle Joe

Doing the hand jive with sister Flo.
D
Grandma gave baby sister a dime;
   A
'A - do that hand jive one more time.'

Chorus 1
A   **D**   **A**   **E**
Hand jive, hand jive, hand jive,
      A
Do that crazy hand jive.

Verse 3
  A
Doctor and a lawyer and an Indian chief,

They all dig that crazy beat.
D
Way-Out Willie gave them all a treat
A
When he did that hand jive with his feet.

© Copyright 1954 Eldorado Music Company, USA.
Universal/MCA Music Limited.
All rights in Germany administered by Universal/MCA Music Publ. GmbH.
All Rights Reserved. International Copyright Secured.

Chorus 2   As Chorus 1

Guitar solo 1 | **A** | **A** | **A** | **A** ||

Verse 4
A
Willie and Millie got married last fall.

They had a little Willie junior and that ain't all.
D
Well, the kids got crazy and it's plain to see,
A
Doing the hand jive on T.V.

Chorus 3   As Chorus 1

Guitar solo 2 |: **A** | **A** | **A** | **A**   :| *Play 4 times to fade*

Wonderful Tonight

Words & Music by Eric Clapton

G D/F# C D Em

Intro ‖: G | D/F# | C | D :‖

Verse 1
G   D/F#
It's late in the evening,
C   D
She's wondering what clothes to wear.
G   D/F#
She puts on her make-up,
C   D
And brushes her long blonde hair.
C   D
And then she asks me,
G   D/F#   Em
'Do I look all right?'
             C   D   (G)
And I say, 'Yes, you look wonderful tonight.'

Link | G | D/F# | C | D ‖
(-night.)

Verse 2
G   D/F#
We go to a party,
C   D
And everyone turns to see,
G   D/F#
This beautiful lady,
C   D
That's walking around with me.
C   D
And then she asks me,
G   D/F#   Em
'Do you feel all right?'
             C   D   G
And I say, 'Yes, I feel wonderful tonight.'

© Copyright 1977, 1999 & 2004 Eric Clapton.
All Rights Reserved. International Copyright Secured.

Bridge

      C   **D**
I feel wonderful because I see,
      G   **D/F♯** **Em**
The love-light in your eyes.
     C   **D**
And the wonder of it all,
     C   **D**   **(G)**
Is that you just don't realise how much I love you.

Link

‖: **G** | **D/F♯** | **C** | **D**   :‖
(love you.)

Verse 3

G   **D/F♯**
It's time to go home now,
C   **D**
And I've got an aching head.
G   **D/F♯**
So I give her the car keys,
C   **D**
She helps me to bed.
C   **D**
And then I tell her,
G   **D/F♯** **Em**
As I turn out the light,
      C   **D**   **G** **D/F♯** **Em** **D**
I say, 'My darling, you were wonderful tonight.
     C   **D**   **(G)**
Oh, my darling, you were wonderful tonight.'

Coda

‖: **G** | **D/F♯** | **C** | **D**   :‖ **G**   ‖
(-night.)

Relative Tuning

The guitar can be tuned with the aid of pitch pipes or dedicated electronic guitar tuners which are available through your local music dealer. If you do not have a tuning device, you can use relative tuning. Estimate the pitch of the 6th string as near as possible to E or at least a comfortable pitch (not too high, as you might break other strings in tuning up). Then, while checking the various positions on the diagram, place a finger from your left hand on the:

5th fret of the E or 6th string and **tune the open A** (or 5th string) to the note (A)

5th fret of the A or 5th string and **tune the open D** (or 4th string) to the note (D)

5th fret of the D or 4th string and **tune the open G** (or 3rd string) to the note (G)

4th fret of the G or 3rd string and **tune the open B** (or 2nd string) to the note (B)

5th fret of the B or 2nd string and **tune the open E** (or 1st string) to the note (E)

Reading Chord Boxes

Chord boxes are diagrams of the guitar neck viewed head upwards, face on as illustrated. The top horizontal line is the nut, unless a higher fret number is indicated, the others are the frets.

The vertical lines are the strings, starting from E (or 6th) on the left to E (or 1st) on the right.

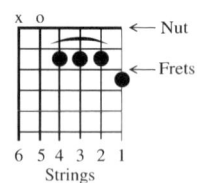

The black dots indicate where to place your fingers.

Strings marked with an O are played open, not fretted.
Strings marked with an X should not be played.

The curved bracket indicates a 'barre' - hold down the strings under the bracket with your first finger, using your other fingers to fret the remaining notes.